MENSCHEN-KUNDE

Freundschaft

Freunde schaffen und behalten

Herausgegeben von
Hans Christian Meiser

W0178829

Fischer Taschenbuch Verlag

Originalausgabe
Veröffentlicht im Fischer Taschenbuch Verlag GmbH,
Frankfurt am Main, Dezember 1995

© 1995 Fischer Taschenbuch Verlag GmbH, Frankfurt am Main
Alle Rechte vorbehalten
Gesamtherstellung: Clausen & Bosse, Leck
Printed in Germany
ISBN 3-596-12694-0

Gedruckt auf chlor- und säurefreiem Papier

Inhalt

Die mit * versehenen Überschriften stammen vom Herausgeber.

Einführung

Daß mir der Hund das Liebste sei
Sagst du, o Mensch, sei Sünde.
Der Hund bleibt mir im Sturme treu
Der Mensch nicht mal im Winde.

Diese Inschrift auf dem Pariser Hundefriedhof läßt ahnen, daß die Freundschaft zwischen *Menschen* so vergänglich ist wie ein Sommerregen oder wie alles Irdische selbst. Sie gibt aber zugleich Auskunft darüber, wie »wahre« Freundschaft sein sollte – nämlich so, wie die sprichwörtlich gewordenen Redewendungen es ausdrücken: »Durch dick und dünn gehen« oder »Pferde miteinander stehlen können«.

Freundschaft ist definitionsgemäß das Gegenteil von Feindschaft und grenzt sich von der Liebe ab. Dennoch ist sie nicht etwas, was genau in der Mitte von Feindschaft und Liebe angesiedelt wäre. Wenn wir dem Geheimnis der Freundschaft auf die Spur kommen wollen, sollten wir uns vor allem mit ihren Riten beschäftigen. In Europa hat es sich eingebürgert, das Schließen einer Freundschaft mit Alkohol zu besiegeln. Man denke nur an den russischen Verbrüderungsritus oder – etwas moderner – an das ausdrucksstarke Zusammenstoßen zweier Wein- oder Biergläser, von pubertärer Blutsbrüderschaft ganz zu schweigen. Der Pakt, der bei solchen Handlungen eingegangen wird, ähnelt einem Geschäft, von dem beide Partner sich Vorteile erhoffen. Merkt einer der Partner später, daß der erwartete Profit (der nicht unbedingt materieller Natur sein muß) sich nicht einstellt, kann er die Freundschaft lösen wie der Geschäftsmann eine Abmachung.

Wenn wir uns selbst an vergangene Freundschaften erinnern und uns fragen, weshalb sie in die Brüche gegangen sind, so kommen wir – vorausgesetzt, wir sind ehrlich – zu dem Schluß, daß wir uns vom anderen »mehr« erwartet hatten bzw. daß wir dem anderen nicht das geben konnten, was er sich erhofft hatte. Um solche Brüche von vornherein auszuschließen, wurde auf den Papua-Neuguinea vorgelagerten Inseln schon vor Urzeiten ein Tauschritual erfunden, das bis heute lebendig geblieben ist. Es dient dazu, die Freundschaft zwischen Bewohnern der Inseln so zu festigen, daß ein unsichtbarer Ring entsteht, der alle miteinander verbindet. Das nach strengen Regeln praktizierte *Kula*-Ritual besteht darin, daß *bagi* (Halsketten aus rotem Muschelgeld) und *mwala* (Armbänder aus Kegelmuscheln) ringförmig getauscht werden. Der mit dem Kanu betriebene »Handel« beginnt mit dem Tausch von Halsketten und führt von Osten über Süden, Westen und Norden zum Ausgangspunkt zurück, wogegen der Tausch der Armbänder den umgekehrten Weg nimmt. So gelangen alle Gegenstände eines Tages wieder in die Hände ihrer ursprünglichen Besitzer. Da die getauschten Güter heute keinerlei Wert besitzen, kann man davon ausgehen, daß es sich beim *Kula*-Ring um ein echtes Freundschaftsritual handelt, vermutlich um das letzte, das auf der Erde zu finden ist. Der Sinn des Rituals, den die Insulaner in ihrer Kenntnis wahren Menschseins erspürt haben, läßt sich folgendermaßen beschreiben: Wenn sich jeder bemüht, mehr zu geben als der andere, hat am Ende trotzdem jeder genug – was zur Vertiefung bzw. Unauflösbarkeit der Freundschaft führt.

Varianten des *Kula*-Rings lassen sich mit allem »Unnützen« spielen, das man finden kann, mit Steinen, Streichhölzern, Blättern etc. Wichtig ist allein die Tatsache, daß immer der »gewinnt«, der am wenigsten hat. Da aber bei dieser Art Spiel jeder irgendwann einmal am wenigsten hat, ist letztlich jeder »Gewinner«, da der *Kula*-Ring naturgemäß keine Verlierer kennt – im Gegensatz zu unserer Vorstellung von Freundschaft, die nach wie vor durch Dominanz bzw. Unterwerfung geprägt ist, da sie niemals völlig zweckfrei sein kann. Entweder wir brauchen den Freund als Tennispartner oder als seelischen Abfalleimer oder wir sonnen uns in seiner Gloire und sind stolz darauf, im Schlepptau eines solchen Heroen mitziehen zu dürfen und so unser eigenes Minderwertigkeitsgefühl kaschieren zu können. Wir »verzwecken« diejenigen, die wir Freunde nennen, gerne, da wir gelernt haben, daß man gibt, um etwas wiederzubekommen – eine Ansicht, die den *Kula*-Meistern fremd ist. Sie geben, um zu geben, und nicht, um jemanden zu haben, den sie von sich abhängig machen können. Friedrich Nietzsche meinte zwar: »Wer immer nur gibt, dessen Hände bekommen Schwielen vom vielen Austeilen«, doch seine Kritik läßt sich auch als Beispiel für abendländische Selbstsucht interpretieren, die der scheinbar sinn- und nutzlosen Südseetradition weit unterlegen ist, denn diese weiß, daß Freundschaft nichts anderes bedeutet, als mehr zu geben, als man vom anderen bekommt. Wenn zwei Menschen sich gleichzeitig so verhalten, dann wandelt sich Freundschaft in Liebe.

Der Wissenschaftspublizist Dieter E. Zimmer schreibt in seinem Buch *Die Vernunft der Gefühle* über den Ursprung, die Natur und den Sinn der menschlichen Emotion. Zum Thema »Freundschaft« merkt er an: »In seiner Stammesgeschichte mußte der Mensch nicht nur lernen, in Gruppen zu leben; er mußte auch lernen, daß er allein oft gefährdet oder gar verloren ist. So wurden ihm Bindungen an einzelne andere einprogrammiert, die sich ihm als Gefühle der *Liebe* und *Zuwendung* bemerkbar machen. Die älteste Bindung ist sicher die zwischen Mutter und Kind mit den dazugehörigen Gefühlen der *Zärtlichkeit* und der *Schutzsuche*, des *Sich-Anvertrauens*. Den Zusammenhalt zwischen einzelnen, die sich zu vertrauen gelernt haben, sichern die Gefühle der *Freundschaft*.«

Dieses Vertrauen bildet also die Grundlage für jene Freundschaft, die auch die Grundlage des Lebens an sich ausmacht. Denn, wie der Zivilisationsforscher Norbert Elias schreibt: »Der Mensch ist nicht allein auf dieser Welt. Er ist Mensch nur deshalb, weil er mit anderen Menschen umgeht und weil er Geschichte hat.« Damit also seine Historie besser verläuft als bisher, wollen wir für eine verstärkte Anerkennung der Freundschaft plädieren, und zwar für eine, die absichtslos geschlossen wird – und so nicht zur bloßen Zweckgemeinschaft verkommt.

Hans Christian Meiser

Der Autor, Professor für Psychosomatische Medizin und Psychotherapie und Inhaber des Lehrstuhls für Medizinische Psychologie an der Universität Frankfurt am Main, ist einer der wenigen Wissenschaftler, die sich mit der Erforschung der Bedingungen von Freundschaft sowie deren Scheitern und/oder Ende beschäftigen. Im folgenden Text schildert er in einem Zwiegespräch mit seiner Lebensgefährtin Célia Maria Fatia – sie wurde in Lissabon geboren und studierte Romanistik, Psychoanalyse und Kulturanthropologie –, Chancen und Gefahren dessen, was neben der Liebe unser Leben eigentlich lebenswert macht: Die Freundschaft, das gewollte Du bzw. das daraus resultierende Wir, schafft eine Grundlage von Vertrautheit, ohne die es in der Welt noch unwohnlicher wäre, als dies ohnehin schon der Fall ist.

Michael Lukas Moeller und Célia Maria Fatia

Zwiegespräch über Freundschaften

> »Wisset, daß ein Freund
> seiner selbst auch ein
> Freund anderer ist.«[1]

A. Wie sich Bedeutung und Bedingungen der eigenen Freundschaften erkennen lassen

Statt einen Essay über Freundschaften zu verfassen, in dem womöglich aus Sicht der Wissenschaft festgehalten werden könnte, was eine Freundschaft ausmacht, kamen wir – seit über einem Jahrzehnt ein Paar – auf die Idee, einen Weg vorzuschlagen, wie sich die Leserinnen und Leser selbst über ihre eigenen Beziehungen zu Freunden und Freundinnen klarwerden können. Natürlich mußten wir das an unserem eigenen Beispiel aufzeigen. Und das geschah – nicht zufällig, wie sich gleich zu Anfang herausstellte – bei einem Besuch in Lissabon, wo Célia aus beruflichen Gründen für etwa ein Jahr lebte. So wurde uns auch selbst Genuß und Erkenntnis zuteil, uns über einen so bedeutenden Bereich des eigenen Lebens auszutauschen.

Zwiegespräche hat Michael in zwölf Briefen an Célia genau vor zehn Jahren erstmals dargestellt. Der Briefessay ist dann als erstes Kapitel in das Buch *Die Liebe ist das Kind der Freiheit*[2] aufgenommen worden. Später erschien zu diesem »Austausch von Selbstportraits« ein eigener Band unter dem Titel *Die Wahrheit beginnt zu zweit*[3]. Dort sind Zwiegespräche für Zweierbeziehungen beschrieben, insbesondere für Paare. Da sie die bemerkenswerte Wirkung

---

1 Seneca, Episteln 6.
2 Michael Lukas Moeller, Reinbek 1986, 1994.
3 ders., Reinbek 1988, 1994.

eines Aphrodisiakums haben, im wesentlichen weil die sonst liegen-
bleibenden Konflikte, Chancen, Phantasien und Gefühle des Paares
ausgesprochen und lebendig werden, entwickelte sich bald der blü-
hende Zweig der ersten themenzentrierten Dialoge: die *erotischen
Zwiegespräche*. Während das Thema eines üblichen Zwiegespräches völlig offen ist und sich ausschließlich nach der inneren Frage
richtet: »Was bewegt mich im Moment am stärksten?« – sozusagen
der rote Ariadnefaden im Labyrinth des eigenen Seelenlebens –,
wird bei einem themenzentrierten Zwiegespräch zwar die gleiche
innere Offenheit belassen, aber ein spezielles, weites Gebiet abge-
grenzt. Zum erstenmal bewährte sich diese thematische Schwer-
punktbildung bei *politischen Zwiegesprächen*, die Michael zur sogenannten menschlichen Ost-West-Vereinigung gemeinsam mit
Hans Joachim Maaz führte.[4] Die wesentlichen Lebensbereiche wie
Arbeit, Familie, Politik und Liebe wurden in diesen vier Zwiegesprächen notwendigerweise vorgegeben. Es zeigte sich, daß die frei-
fließende Aufmerksamkeit auch mit einer solchen Umgrenzung genügend spontanen Raum hat, um sich schöpferisch zu entfalten und
von selbst auf das Wesentliche zu kommen.
So geschieht es auch bei den erotischen Zwiegesprächen. Sie zentrie-
ren sich auf das eigene erotische Erleben, sei es im bisherigen oder
im gegenwärtigen Leben und natürlich auch innerhalb der eigenen
Beziehung.
Nun kreieren wir einen neuen Zweig der Zwiegespräche. Waren
auch die Dialoge bislang schon nicht nur auf Paare beschränkt,
konnten sie beispielsweise auch zwischen Eltern und Kindern, zwischen Geschwistern und vor allem zwischen Freunden und Freundinnen stattfinden, so gab es noch keine Zwiegespräche mit dem
Schwerpunkt Freundschaften, obwohl diese fundamentalen Lebensbeziehungen heute besonders bedeutsam und noch stärker vom
Aussterben bedroht sind als Liebesbeziehungen.
Es ist nicht viel zu wissen nötig. Zwiegespräche haben eine Grund-
ordnung (fachsprachlich »setting«). Sie umfassen neunzig Minuten
ungestörte Zeit nach gemeinsamer Vereinbarung. Zu empfehlen ist,

4 dies., *Die Einheit beginnt zu zweit. Ein deutsch-deutsches Zwiegespräch*.
Reinbek 1991, 1993

es nicht bei einem einzigen Dialog zu belassen, sondern »am Ball zu bleiben« und sich vielleicht in wöchentlichen Abständen auf mehrere Zwiegespräche zu verständigen; denn schnell wird deutlich, daß die Thematik der Freundschaft hochbedeutend für das eigene Leben wie für die Liebesbeziehung ist und zudem noch sehr komplex wird.

Zwiegespräche haben aber auch einen »Geist«, nämlich fünf Grundeinsichten in das Beziehungsleben, darunter beispielsweise das unbewußte Zusammenspiel, das auch das Zwiegespräch reguliert. Vielleicht können wir auf eine ausführliche Darstellung in diesem Rahmen verzichten und nur als Tip empfehlen, möglichst einer »Bildersprache« zu folgen, das heißt in konkret erlebten Szenen anschaulich zu machen, was einem durch den Sinn geht. Diese Art zu sprechen erhöht die wechselseitige Einfühlung enorm. Aber auch wir haben das nicht durchgehend eingehalten, schon gar nicht die weitestgehende Grundformel »Keine Fragen, keine Ratschläge, jeder über sich selbst«. Dennoch ist wohl das ideale Urbild eines Zwiegespräches durchzuspüren.[5] Wir führen selbst seit zehn Jahren mit großem Gewinn übliche wöchentliche Zwiegespräche, wenn wir nicht gerade besonderen Barrieren begegnen.

Auf diesem Weg der »erkennenden Beziehung« entfaltet sich die gemeinsame Reflexion in einem Zwiegespräch natürlich auch hier anders als in einem systematisch und logisch aufgebauten Artikel, nämlich eher spiralig: Durch die wechselseitige Anregung des Themas kommen wir zu einem späteren Zeitpunkt auf Anfangsideen zurück und vertiefen sie.

B. Zwiegespräch eines Paares über Freundschaften

1. Wann im Leben gehen einem Freundschaften auf?

CÉLIA: Es ist also wieder einmal nicht zufällig, daß wir hier und jetzt ein Zwiegespräch über Freundschaften führen; denn genau vor acht Jahren, als ich erstmals als erwachsener Mensch aus Deutschland wieder für ein halbes Jahr nach Portugal gezogen war, ging mir

5 Wir führten es am 18. 11. 1994 in einem Hotel in Lissabon

die Bedeutung, ja der Begriff oder die Existenz von Freundschaften überhaupt erst auf. Ich hatte meine Freundin nicht mehr um mich, und mir fehlte plötzlich die Selbstverständlichkeit, mit der ich mich der Freunde einfach bewußtlos bediente.

MICHAEL: Kannst du das ein bißchen schildern?

CÉLIA: Das ist beispielsweise genau das, was ich einem Freund, der um mich herum ist, nicht erzählen muß. Es gehört für mich zum Wesen der Freundschaft, solche Momente nicht ausdrücklich erklären zu müssen. Es gibt gewissermaßen ein unaufwendiges Verstehen, weil man so vertraut miteinander ist. Das aber fehlte mir damals wie heute in der neuen Umgebung Portugals. Der Freundeskreis war weg und wurde mir erst dadurch bewußt.

Es spielte aber auch eine verschärfende Rolle, daß ich mit der vermeintlich dicksten Freundin einen bitteren Krach erlebte, der später zu einem Bruch durch Lug und Trug und Verrat führte.

MICHAEL: Ich denke gerade nach, wann mir Freundschaften im Leben gegenwärtig wurden. Das ist mir eine völlig neue Vorstellung, daß Freunde nicht von Anfang an klar sind, sondern erst bewußt werden. Wie alt warst du, als dir Freundschaften zum erstenmal aufgingen?

CÉLIA: *(überlegt)* Vierundzwanzig, ja.

MICHAEL: Weißt du, was ich gerade so spannend finde? Daß der Verlust von Freunden einem Freundschaften überhaupt erst bewußt macht.

CÉLIA: Allerdings hätte ich die Menschen, die mir da gefehlt haben, nie als Freunde bezeichnet – oder zumindest starke Einschränkungen gemacht –, wenn ich in Deutschland nach ihnen gefragt worden wäre. Aber von Portugal aus gesehen war das eben mein Freundeskreis. Verstehst du? Was ich in Portugal mit Blick auf Deutschland vermißte, waren ebendiese Leute um mich herum. Ich konnte nicht mehr davon ausgehen, jetzt gleich verstanden zu werden; ich mußte mich viel stärker erklären und dazu noch in einer Sprache, die mir nicht alle Vokabeln zur Verfügung stellte und in der zu sprechen ich nur als kleines Kind gewohnt war.

MICHAEL: Zweierlei erkenne ich jetzt an deinen Worten: Zum einen verklärt die Fremde gute Bekannte zu Freunden. Es ist, als ob die Situation, in der man sich gerade befindet, mitbestimmt, ob man jemand als Freund ansieht oder nicht. Diese Relativität finde ich fast atemberaubend.

Zum anderen erscheint mir das Sprachproblem wie ein Gleichnis: Selbst wenn man keine andere Sprache spricht, ist es doch so, als wenn im Freundeskreis eine Art besonderer Heimatsprache entsteht, in der wenige Worte genügen, um vieles verständlich zu machen. Einem Fremden hingegen muß man dasselbe lange erläutern. Das sieht ja fast schon wie eine Informationstheorie der Freundschaft aus – oder wie eine Freundschaftslinguistik.

CÉLIA: Genau! Ich muß einem Freund in Deutschland beispielsweise nur ein bißchen die Lebensbedingungen hier schildern, um diesen Wechsel nach Portugal, mein elendes Gefühl, die fremde Mentalität und die anderen Verhältnisse deutlich zu machen. Freunde verstehen das einfach im Nu. Wenn ich aber in Portugal, also unter Fremden oder in deinem Gleichnis unter Nicht-Freunden bin, muß ich nicht nur mich selbst erklären, damit sie sich vorstellen können, was mir annähernd fehlen könnte und was nicht. Darüber hinaus muß ich ja auch noch meinen Lebensrahmen in Deutschland vermitteln, damit sie diesen Mangel überhaupt zuordnen können und verstehen, wovon ich rede. Dabei geht es noch gar nicht um komplexe Gefühle. Sehr oft kannst du ja Gefühle umreißen, indem du einfach Situationen darstellst. Unter Nicht-Freunden kann ich das aber nur umständlich. Ich muß etwa irgendwelche Häuser beschreiben, die denen gar nicht bekannt sind. Verstehst du noch, was ich meine?

MICHAEL: Ja, noch verstehe ich es. Aber mir geht auch durch den Sinn, daß meine Freunde beispielsweise meine Vergangenheit in Schlesien überhaupt nicht kennen und ich sie ihnen dennoch gut vermitteln kann. Ich finde, daß Freunde sehr viel zugewandter sind als Bekannte. Sie sind ganzheitlicher mit meinem Seelenleben verbunden. Vielleicht können sie sich auch deswegen schneller einfühlen. Sie begreifen Schlesien leichter als andere Leute.

CÉLIA: Gut, sie haben aber eine Bindung zu dir, die meine neuen Portugiesen hier zu mir nicht haben.

2. Vielfalt der Freundschaften

MICHAEL: Als du vorhin sagtest, als Freunde könntest du die Leute deines Freundeskreises teilweise nur mit Abstrichen bezeichnen, hast du ja indirekt zu erkennen gegeben, daß du wirkliche Freunde von einer Art lockerer Freunde innerlich unterscheiden kannst. Aber wie?

CÉLIA: Ein Freundeskreis bietet einen Rahmen, der eine gewisse Selbstverständlichkeit für mich herstellt. Ich kann mich locker und sicher benehmen und in ihm umhergehen. Doch sind ebendie Leute, die diesen Rahmen und Freundeskreis ausmachen, nicht unbedingt alle Freunde. Unter Freunden verstehe ich diejenigen, mit denen ich diesen Handlungsrahmen auch noch hinterfragen kann. Meine kritischen und komischen Gefühle innerhalb dieses Rahmens kann ich mit ihnen erörtern. Ich kann mich mit ihnen sozusagen vertiefen. Das geht über die sichere Bewegung hinaus. Ich kann mich mit ihnen auch zur Diskussion stellen. Das heißt: Ich habe mit ihnen eine so starke Sicherheit, daß ich mich auch in Frage stellen kann.

MICHAEL: Das ist ja eine tolle Entdeckung, finde ich: Ein Freundeskreis bildet einen Raum des Vertrautseins, und der Schritt in die Tiefe ergibt sich im Grunde aus einer Distanzierung dieses Raumes, den man erst dann beobachten kann.

CÉLIA: Ja.

MICHAEL: Aber mir fehlt auch noch etwas, was ich sehr stark in einer Freundschaft erlebe. Für mich ist ein intensives Gefühl das entscheidende Moment einer Freundschaft. Es macht eine starke Bindung aus. Mein Urbild für eine Freundschaft von Mann zu Mann war meine Beziehung zu Manfred. In seinem von ihm ja selbst entworfenen Haus habe ich mich im Moment des Betretens vollständig zu Hause gefühlt – als ob es das Zuhause aller Zuhause wäre. Ich fühlte mich in seiner als Architekt selbstgestalteten Welt fast auf magische Art absolut geborgen und aufgehoben. Und dieses »Sich-vollständig-zu-Hause-fühlen« ist für mich ein Kernelement der Freundschaft. Das ist zwar ähnlich wie dein Vertrautsein, doch erscheint es mir viel intensiver. Ich fühle mich auch sonst mit vielen Menschen sehr vertraut, ohne daß ich direkt von Freundschaft sprechen würde – etwa mit Menschen aus meinem Berufsfeld oder aus meiner Gesprächsgemeinschaft[6]. Dabei entdecke ich jetzt übrigens auch Abstufungen von Freundschaften.

CÉLIA: Das kann ich gut verstehen und kenne ich auch. Das geht aber auch erheblich weiter als das, was ich bis jetzt vorbrachte.

MICHAEL: Ja, ich setze fort, was du begonnen hast. Wir fingen ja mit dem unbeschriebenen Blatt der Freundschaft an. Und dann tauchte beim Verlust die Wirklichkeit der Freunde plötzlich im Bewußtsein auf. Bei mir sind viele nahe Freunde weggestorben. Dadurch wurden mir Freundschaften immer kostbarer. Ich lernte sozusagen, daß sie nicht von selbst existieren und auch nicht für immer garantiert sind. Also wurde auch mir die Bedeutung der Freundschaft durch Verlust bewußt. Das begann schon vor dem Tod von Freunden, als mir einige beispielsweise durch Umzug aus dem Blickfeld gerieten. Meine eigenen Ortswechsel – wird mir gerade klar – von Hamburg nach München mit 19, von München nach Berlin mit 23, von Berlin nach Gießen mit 29, von Gießen nach Frankfurt mit 46 waren Freundschaftsumbrüche riesigen Ausmaßes. Die Mobilität zerreißt Bindungen. Sie schafft allerdings auch neue.

Ich wollte noch ein eigenartiges Erlebnis erzählen von einem Lebensfreund, der nie einer geworden ist. Ich war 24 und hatte vielleicht im Zuge meiner Eigenanalyse gerade begriffen, wer zu mir paßte oder wen ich brauchte. Ich war in Freundschaften klarer, entschlossener. Außerdem beendete ich gerade eine vieljährige Freundschaft endgültig, weil ich merkte, daß keine wirkliche Beziehung entstand. Da tauchte er auf, und ich wußte sofort, das könnte nicht nur ein richtiger Freund werden, das ist schon einer, bevor ich ihn ausführlicher kennenlernte. Es gibt solche Sicherheiten auf den ersten Blick. Dieter Müller hieß er. Obwohl er ganz anders war als ich, kompakter, erdiger, schwerer, gab es doch einen Gleichklang. Er studierte Medizin wie ich und war auf dem Wege, Cellist zu werden, wie ich es auch einmal erwogen hatte, bevor ich mich für die Malschule entschloß. Aber diese Gemeinsamkeiten waren nicht das

---

6 Eine Gesprächsselbsthilfegruppe oder leiterlose Selbsterfahrungsgruppe, der Michael in Nachfolge einer gruppenanalytischen Weiterbildung seit vierzehn Jahren zugehört.

Entscheidende, wenn ich dieser Erinnerung auch entnehmen könnte, daß eine gewisse Gleichartigkeit zu Freundschaften dazugehört. Es war der unauslöschliche Gesamteindruck, die Paßform und auch die Ergänzung unserer Gegensätze. Ich sehe noch, wie er mit seiner schweren 750er BMW zu einem Elternbesuch aus Berlin davonfuhr, gerade nachdem wir unseren ersten gemeinsamen Tag vereinbart hatten, wenn er wieder zurück wäre. Eine Windbö riß ihn auf dieser Fahrt von einer hohen Autobahnbrücke. Damals war mir gerade das Bewußtsein für Freundschaften erwacht. Ich denke durch den Wechsel von München, wo ich viele gute Freundschaften gewann und wo auch Manfred studierte, nach Berlin. Plötzlich stand ich – wie du in Portugal – ziemlich allein da und spürte im Verlust die Gegenwärtigkeit der alten Bindungen. Aber ich wollte dann auch neue Freundschaften gewinnen. Auch dieses innere Vorhaben machte mir Freundschaften klarer. Ich war ebenfalls 24 – wie du.

CÉLIA: Dieses Gefühl, die Freundschaft könnte ein Leben lang dauern, hatte ich auch bei einer Freundin, bei Margret. Ich lernte sie kennen, als die erwähnte vermeintlich dicke Freundschaft so schlimm endete. Ich hatte deswegen damals über einen langen Zeitraum Alpträume. Wenn ich nachts umarmt wurde, dachte ich, ich werde erwürgt. Es war furchtbar, weil sie mir die liebsten Sachen entwendet hatte. Ich hatte dann keine wirklichen Freunde mehr. Ich habe keinen innerlich an mich herangelassen. Ich habe mich zwar geöffnet, aber es entstand keine Entwicklung. Ich habe zwar ausgepackt, was mich bedrängte, habe mich aber nicht eingelassen. Aus diesem Druck heraus sagte ich mir eines Tages – übrigens auch nach einem Ortswechsel, dem Umzug nach Frankfurt –, ich müßte mir durch eigene Initiative selbst eine Freundin suchen; ich brauche wenigstens eine einzige. So bin ich auf Margret zugegangen. Dabei spielte Ähnlichkeit eine große Rolle: Sie war in einer gleichartigen Liebesbeziehung wie ich, mit großem Altersabstand zu einem sozusagen gestandenen Mann, und andere fanden, daß Margret und ich wesensmäßig Gemeinsamkeiten hatten, obwohl wir äußerlich sehr unterschiedlich waren. Das ermutigte mich und machte mich neugierig. Im übrigen gibt es ja auch so etwas wie »Freundschaftsknüpfungsplätze«, typische Gelegenheiten für einen Freundschaftsbeginn, und das war in diesem Falle ein Seminar.

3. Wie beginnen Freundschaften?

MICHAEL: Freundschaftsbeginn – das macht mich neugierig: Was bringt mich, dich und andere dazu? Was zog dich beispielsweise zu Margret?

CÉLIA: Es war ein Tanzworkshop. Ich mochte ihre Art der Leitung: Sie führte uns nicht im Stile von »Ich stehe vorn, und ihr macht das nach«; vielmehr leitete sie uns aus der Mitte heraus, sie war immer unter uns und leitete trotzdem. Mir gefiel also diese Art, und dennoch war das nicht der entscheidende Grund für meinen Wunsch, auf sie zuzugehen. Erst ein besonderes Erlebnis, das eng mit mir selbst verkoppelt war, gab den Ausschlag: Sie hatte uns die Aufgabe gestellt, im Raum umherzugehen und einen entscheidenden Satz für uns selbst zu entdecken. Dieser Satz war plötzlich in mir da, ganz präsent, es gab nichts über ihn nachzudenken. Er lautete: »Ich komme von zu Hause, habe einen Schatz gefunden und gehe nach Hause.« Er stimmte vollständig und war klar wie sonstwas.

MICHAEL: Könnte das nicht eine Definition von Freundschaft sein, fällt mir gerade auf?

CÉLIA: Ich denke schon. Wenn man von zu Hause weggeht, sich aus der Herkunftsfamilie löst, dann beginnt man ja sein Leben mit Freunden zu teilen. Mit ihnen kann man dann den inneren Schatz heben, sozusagen sein Selbst entdecken, und sich in sich beherbergen, sich in sich selbst zu Hause fühlen, ohne äußerlich nach Hause zu gehen.

Ich möchte noch die konkrete Situation zu Ende bringen: Eine Frau, die ich auch sehr gern mochte, mit der aber nie eine Freundschaft entstand, sagte mir dann, Margret und ich seien sehr ähnlich in der Art, wie wir uns geben, uns verhalten und erleben. Das war dann der Auslöser dafür, daß ich Margret ansprach. Insgesamt sehe ich also für den Freundschaftsbeginn drei Momente, die sich zusammenfügten: daß ich ihre Art mochte, daß ich diesen Satz fand und daß ein Mensch, der mir auch nahe ist, sagt, es ist doch verrückt, wie ähnlich ihr euch seid. Das Kernelement aber war dabei für mich das mühelose Entdecken des inneren Satzes.

MICHAEL: In dem Bild, das du jetzt einbringst, liegt auch für mich etwas, das ich sehr wesentlich für Freundschaften finde: daß nämlich Freundschaften mir überhaupt erst ermöglichen, ein wirkliches

Gefühl für mich selbst zu bekommen und meine eigene Identität zu entwickeln. Freundschaften sind gleichsam das Flußbett für den Strom der eigenen Selbstentwicklung. Selbstidentität wäre ohne Freundschaften gar nicht möglich. Das gilt vielleicht in noch stärkerem Maße für Liebesbeziehungen. Aber über das ganze Leben hin gesehen hat man vielleicht doch mehr Freundschaften als Liebesverhältnisse, und so scheinen mir Freundschaften durch diese einfache Mehrheit am Ende noch einflußreicher.

CÉLIA: Ja, das glaube ich auch. Freundschaft ist für mich eine seltene Erscheinung und deutlich intensiver, als ich das Wort Freund und Freundin erlebe. Freundschaften habe ich vielleicht mit drei, vier, fünf Menschen, Freunde habe ich sehr viel mehr. Beide zusammen bilden für mich den Freundeskreis.

MICHAEL: Gefühlsmäßig trenne ich da auch sehr genau, verwende aber andere Worte als du. Wer mein Freund oder meine Freundin ist, unterscheidet sich sehr von einem guten Bekannten. Mein Freundeskreis besteht aber nur aus Freunden, und zum Wort Freundschaft gibt es bei mir keinen Unterschied. Erstaunlich, daß wir aufpassen müssen, worüber wir mit denselben Worten, die Unterschiedliches meinen, sprechen. Ich möchte aber konkret aufgreifen, was du angesprochen hast.

4. *Wie viele Freundschaften kann ein Mensch wirklich leben?*
Wie viele Freunde und Freundinnen habe ich jetzt als 57jähriger Mann in meinem aktuellen Leben und wer ist das eigentlich? Darüber habe ich mir schon lange keine Gedanken gemacht. Als erster fällt mir Bernhard ein, zehn Jahre älter als ich, auch Psychoanalytiker. Ich kenne ihn aus meiner Gesprächsgemeinschaft seit zehn Jahren, das ist unser Knüpfungsort. Doch ist eine wirkliche Freundschaft erst entstanden, seit wir im letzten Sommer zweimal eine siebenstündige Autofahrt gemeinsam zu einem Tagungsort und zurück erlebten. Es ist ein Moment von Liebe darin, weil ich zwar seinen Witz und Humor schon lange kannte, aber durch seine ausführlicheren Erzählungen erst auf dieser Fahrt wirklich kennenlernte. Das muß genügen.
Als zweiter fällt mir jetzt Oliver ein, ganz bodenständig, zehn Jahre jünger, Meditationslehrer. Er erscheint mir sehr still. Wir treffen

uns sehr selten. Ich habe entscheidende »seelische« Reisen mit ihm gemacht, beispielsweise an die Ardèche in Frankreich. Er steht mir in handwerklich praktischen Dingen des Lebens so direkt zur Seite, daß ich mich wie gerettet fühle, wenn es einmal haarig wird – beispielsweise beim Wohnungsausbau. Wir lernten uns vor zwanzig Jahren im beruflichen Bereich kennen.

Als dritter Johannes, ein Arzt, auch ein Jahrzehnt jünger, saftig im Fleisch und das Herz auf dem richtigen Fleck. Zu ihm ging ich einmal im Zustand extremer Entflammung für eine Frau, und er, der sich geradeheraus und zupackend durch sein Leben bewegt, gab mir wirklich einen Rat, der mein Leben verändert hat. Er wurde zur Stifterfigur für eine lebensbewegende Liebesbeziehung.

Dann Ezriel, fünfundzwanzig Jahre älter, Schriftsteller mit einer enzyklopädischen Bildung, den ich seit 38 Jahren kenne. Wenn wir uns einmal im Jahr für genau 24 Stunden besuchen, geraten wir in Verzückung über den entstehenden abgründigen Gesprächsplan: Wir sammeln nur das Allerwesentlichste, was jeder von uns mit dem anderen austauschen möchte, und bleiben immer beim »de profundis«.

Dann Patrik, Maler, 25 Jahre jünger. Ich lernte ihn vor vier Jahren kennen, als ich einen Entwurf für ein Logo suchte. Unser Beginn ergab sich also auch aus dem Berufsweg, der sich für mich jetzt beim Erzählen als wahre Freundschaftsquelle herausstellt. Mit ihm unternehme ich am liebsten irgend etwas Aktives: Sport, Fitneßstudio, Kino, Ausstellungen.

Ich sehe aber gerade, daß ich so nicht weitererzählen kann, es fehlen noch so viele meiner Freunde, es würde zu umfangreich werden. Was verbindet mich mit allen? Es ist – kurz gesagt – die besondere Art, wie sie sind. Ich könnte mich nie mit jemandem befreundet fühlen, mit dem ich nicht – etwas kitschig klingt es beinahe – eine Herzensbeziehung hätte. Martin, zehn Jahre jünger, Journalist, dessen differenzierte Art, Ereignisse zu betrachten, dessen Körpergefühl und Lebensreife mich sehr für ihn einnehmen; André, 30 Jahre älter, Philosoph, dessen Anschauungen meinem Lebensgrundgefühl tief entsprechen; Markus, ein Jahrzehnt jünger, Dramatiker, mit dem ich am liebsten an einsamen Stränden wirren Quatsch mache; Charles, hochbetagt in Paris, den ich immer nach Lebenserfahrungen anzapfe, weil er politisch und erotisch so intensiv lebt und lebte.

Jetzt fällt mir die Beziehung zu Paul ein, Gruppendynamiker, etwas jünger. Sie war lange Zeit rivalisierend gespannt, weil er mich als seinen älteren Bruder erlebte. Zu ihm bekam ich einen lockeren und zauberhaften Zugang, als wir einmal gemeinsam Morgengymnastik machten und sich atmosphärisch haargenau die ausgelassene Stimmung mit meinen beiden jüngeren Brüdern wiederherstellte. Was ich nun also zum erstenmal entdecke, ist für Freundschaften wohl sehr wesentlich: Meine Freunde kann ich – wie meine Liebesbeziehungen – sehr genau meinen beiden sehr unterschiedlichen Bruderbeziehungen zuordnen. Sie haben ihr Urmuster in den Geschwisterbeziehungen.

Hast du zufällig mitgezählt? Ich glaube, es sind schon neun. Und die Freundschaften zu Frauen habe ich noch nicht einmal erwähnt. Sie sind nicht so einfach, weil die Abgrenzung zu Liebesbeziehungen verwirrend sein kann. Denn wie bei Männern kann ich mir eine Freundschaft unter strengem Ausschluß von Körperkontakt wie Umarmungen und Küssen gar nicht vorstellen, sonst erschiene mir die Beziehung irgendwie gläsern oder künstlich. Bei Männerfreunden ist das manchmal heikel, weil einige darin scheu sind; das aber zählt als Ausnahme. Bei Serge beispielsweise, übrigens meinem ehemaligen Schwiegervater. Da wird mir jetzt klar, daß Freundschaften aus ganz andersartigen weiteren Lebensbeziehungen erwachsen können. So verbindet mich ja auch mit meiner ehemaligen Frau Marina eine tiefe Freundschaft.

CÉLIA: Das finde ich gar nicht überraschend, das erscheint mir geradezu naheliegend.

5. Vorgegebene Beziehungen verwandeln sich in Freundschaften

MICHAEL: Ich staune darüber, daß Beziehungen, die weitab von Freundschaft scheinen, sich doch auch in eine Freundschaft verwandeln können. Ich weiß auch nicht, wieso ich jetzt dieses besonders intensive Überraschungsgefühl habe.

CÉLIA: Das ist mir gerade mit meinem älteren Bruder Manuel passiert. Im Grunde ist das noch eine Steigerung dessen, was du über die seelische Herkunft von Freundschaften aus Geschwisterverhält-

24

nissen sagtest: Der Bruder selbst wird zum besten Freund. Einen Monat vor meinem Wechsel nach Lissabon hatte ich ein ganz tolles Gespräch mit Manuel, was in mir ein Gefühl bewirkte, daß er nicht nur ein vom Schicksal bescherter Bruder, sondern ein tatsächlicher Freund ist. Freundschaften sind eigenhändig gemacht. Deswegen sind sie für mich stärker als Bruderbindungen, für die man sozusagen nichts kann. Zwar ist in diesem Falle die Geschwisterbindung auch die konkrete Basis und der Bezugspunkt, sie ist aber auch sehr ambivalent gewesen, insbesondere weil er der dominierende Ältere war. Dennoch hatten wir eine Art Ergänzungsbeziehung, wie ich sie für Freundschaften übrigens auch immer feststelle; ich war ihm auch immer ein Trost. Dadurch entstand eine starke Bindung. Als die in der Pubertät auseinanderzugehen drohte, fand ich die Kraft, ihm hinterherzulaufen, damit er mich nicht einfach aus den Augen verliert. Ich überstand seine Ablehnungen und mußte dadurch auch sehr zu mir selbst stehen lernen. Gut, das ist der Vorspann. Jetzt im erwähnten Gespräch eröffnete er mir, daß ich sein bester Freund sei und er ganz stolz auf unsere Freundschaft wäre. Dabei erkannte ich, daß auch mein Gefühl dem genau entsprach; ich hatte unsere Beziehung nur nie hinterfragt und mir bewußt gemacht; sie war einfach selbstverständlich.

MICHAEL: Vorgegebene Beziehungen werden also nicht nur zu Freundschaften, stelle ich nun fest, sie können auch noch stärker werden als die Ursprungsbeziehung.

CÉLIA: Weil es einer Vertiefung der Beziehung entspricht. Du kannst nichts dafür und hast nichts dazu getan, daß du in eine Geschwisterbeziehung hineingeboren wurdest. Wenn du aber für dieses Gefühl Verantwortung übernimmst, dann ist mehr entstanden. Ich habe zudem das Empfinden, als ob eine Bruderliebe auch einseitig sein kann, während im Moment einer Freundschaft die Bindung wirklich beidseitig ist.

MICHAEL: Damit erkenne ich durch dich das erste der Freundschaftsgesetze, die mir im Hinterkopf herumgeisterten: Die *Wechselseitigkeit* der Bindung. Bis zum dreißigsten Lebensjahr etwa habe ich unglaublich viel Initiative in Freundschaften ergriffen, war der aktive und sozusagen spendende Part. Eines Tages wurde mir das bewußt, und ich wollte es ändern. Ich wollte nur noch mit Menschen zusammen sein, die ebenso aktiv eine Freundschaft beachten und bewahren wie ich. Diese Gleichgewichtigkeit ist übrigens selten. Beispielsweise erlebe ich von denen, die ich nannte, Patrik ausgesprochen so, vielleicht auch Bernhard, schon schwächer Charles, der eher wartet, daß ich auf ihn zukomme. Dann hört es schon auf. Wie in Liebesbeziehungen ist das Bewußtsein schwach ausgebildet, daß man selbst für Freundschaften etwas tun muß, will man sie lebendig halten.

Aber ich denke an meine Bruderbeziehung zu Dicki beispielsweise, diesen Blondschopf, wie er mit seinem quadratischen Dickschädel aus dem Kinderzimmer herauskam, der kleine Süße. Es muß eine Zeit gegeben haben, in der ich ihn sehr geliebt habe. Aber auch später bei unseren halbjährlichen Brüdertreffen im Erwachsenenalter erlebte ich die Geschwisterbeziehungen, die durch das Blutband gegeben waren, immer deutlich anders, wenn auch nicht schwächer, als Freundschaften. Ich hatte das Glück, sehr gute, ich würde sagen erotische Brüderbeziehungen erlebt zu haben. Insofern sind Bruderbeziehungen etwas Besonderes für mich. Aber ich könnte nicht sagen, daß meine Brüder beispielsweise meine Freunde gewesen sind. Der Unterschied liegt etwa darin, daß ich mich mit Freunden – nicht aber mit Brüdern – sehr intensiv über das ganze Leben austausche.

CÉLIA: Genau das ist mir mit Manuel geschehen.

MICHAEL: Brüderbeziehungen haben durch die Blutsbande etwas Unverbrüchliches. Dann ist es wirklich eine Potenzierung dieser ohnehin schon mächtigen Beziehungen, wenn sie auch noch zu einer Freundschaft werden.

CÉLIA: Mit Gerhard, meinem Bruder, den ich sehr liebe, tausche ich mich auch über viele Sachen aus. Es ist eine starke Liebe zwischen uns, aber keine solche Freundschaft. Zu Manuel entstand eine Freundschaft in dem Augenblick, als ich nicht mehr so sehr Rücksicht nahm, er könne etwas falsch verstehen, sich minderwertig fühlen und so weiter – kurz: als die Beziehung gleichberechtigt wurde.

MICHAEL: Ach ja, *Gleichberechtigung* dürfte auch zu den Freundschaftsgesetzen gehören.

CÉLIA: Das habe ich auch bei Margret erlebt, Margret aber nicht mir gegenüber. Für mich war sie eine Art Ideal, ich sagte ihr bei-spielsweise, wie toll ich ihre schmale Taille fand. Sie aber sagte nach meinem Empfinden nie etwas direkt und offen mir gegenüber. Nachdem die Freundschaft gescheitert ist, meinte sie, sie hätte mich dominierend erlebt, was ich überhaupt nicht verstand. Vielleicht meinte sie, daß ich mehr gesprochen habe als sie; aber nach meiner Einschätzung kam von ihr spontan auch nichts; vielmehr forderte sie mich zum Reden auf. Worauf ich hinauswill: Gleichberechti-gung sollte nicht nur in Worten, sondern auch in Taten geschehen. Beispielsweise kam sie immer im Rahmen ihrer beruflichen Tätig-keit nach Frankfurt und sah mich sozusagen in meinem Territo-rium. Ich bin nie zu ihr gefahren. Das wäre für mich an ihrer Stelle schwierig gewesen; denn so hätte ich nie Gelegenheit gehabt, mich in meinem eigenen Handlungsfeld zu zeigen, ich hätte nie »mittei-len« können, wie ich unmittelbar lebe, meine Räume, meine Ein-richtung, mein Zuhause. Das ist ja mit Worten gar nicht wiederzu-geben. Also, so würde ich mich auch nicht gleichberechtigt fühlen können. Dann geht mir auch durch den Sinn, sie könnte schon zu Anfang ein Ungleichgewicht darin erlebt haben, daß ich sie und nicht sie mich angesprochen hatte. Das hängt wohl vom Grad der inneren Unsicherheit und von der Sensibilität ab. Jedenfalls gibt es bestimmte Situationen zu Anfang, die ein Ungleichgewicht etablie-ren, das nicht mehr aufgefangen werden kann.

MICHAEL: Darf ich lakonisch dazu sagen: Einer muß ja anspre-chen. Von nichts kommt nichts.

CÉLIA: Es ging aber um die Art, wie ich es gemacht habe. Ich habe ein Jahr gewartet, ich habe an ihre Neugier appelliert, denn sie wußte dann schon nicht mehr, wer aus der Tanzgruppe ich eigent-lich war. Dann hatte ich das Glück, daß sie immer zu mir kam, einmal die Woche. Dadurch wurde die Beziehung sehr intensiv, und zwar im Wort, im Gespräch, in dem sie sich schwächer fühlte. Kurz, nicht das Ansprechen allein ist es, sondern das Ansprechen im Kon-text, in dem es geschieht.

MICHAEL: Mir wird jetzt durch deine Schilderung klar, daß es für die Freundschaft einige unerläßliche Bedingungen gibt, die nicht ohne weiteres im Leben zu erfüllen sind. Das führt mich noch ein-mal zu den noch nicht besprochenen Frauenfreundschaften zurück.

Während du über Margret sprachst und ich durchaus aufmerksam zuhörte, fragte ich mich, wo ich eine wirklich tiefgehende Frauenfreundschaft hätte, deren Bedingung lautete, daß sie primär nicht erotisch wäre. Sofort fiel mir Susan ein. Sie ist als einstige Frau von Manfred gleichsam eine geerbte Freundschaft. Manfred hatte uns beide als seine wesentlichen Lebensfreunde gemeinsam einander hinterlassen. Eine seltsame Entstehungsgeschichte. Die Freundschaft zu ihr erlebe ich als sehr tiefgehend, weil sich herausstellte, daß wir beide eine grundlegend ähnliche Lebensauffassung haben. Es ist kein Wunder – sagten wir uns, als wir uns in seiner Bestattungszeit erst wirklich kennenlernten –, weil wir als seine zentralen Freunde irgend etwas gemeinsam haben mußten. Das entscheidende Moment dieser Freundschaft lautet eigenartig und in einem Satz: Ich erlebte, daß Susan mich in mancher Hinsicht besser und schneller begreift, als ich mich selbst verstehe. Wir lagen beispielsweise auf einem Holzpier am Golf von Mexiko, nachdem wir Manfreds Asche vom Segelboot aus ins Meer verstreut hatten. Sie begann, mir bei Sonnenuntergang die Farben des Himmels zu schildern, und es wurde mir immer deutlicher, daß sie in den Farben aufging. Sie war so intensiv farbbezogen, daß ich das Gefühl hatte, die Farben seien identisch mit ihrer Seele. Sie zog auch ihr ganzes Lebensglück aus den Farben. Ihre Identität wurde für mich völlig klar, und ich sagte ihr, im innersten Zentrum sei sie wirklich Malerin und sie sollte nach meinem Empfinden nichts anderes mehr machen. Sie ist auch eine hochbegabte Tänzerin, eine Art Schaukünstlerin, aber diese Farbenidentität übertraf wirklich alles. Ihr half es sehr, daß ich als ihr neugewonnener Freund so entschiedene Empfindungen hatte. Das scheint mir ein Beispiel für eine wesentliche Wirkung jeder Freundschaft zu sein: die wechselseitige Begleitung und Förderung der Identitätsbildung. Sie selbst war noch etwas unsicher, insbesondere weil ihre konventionellen Eltern den Künstlerberuf mit Mißtrauen betrachteten. Nun sagte ich anschließend, daß ich bei aller hohen Klarheit, die ich über mich selbst im Laufe des Lebens und gleichsam schon aus Berufsgründen gewonnen zu haben meinte, doch nicht so genau wie bei ihr wüßte, was mein Zentrum sei. Sie antwortete, sie hätte es aber inzwischen erkannt: Mein Zentrum sei eindeutig die Existenz. Das war für mich mit einem

Schlag eine Erhellung. Ich wußte, sie hatte recht, das ist es. Ich hatte an Begabung und Interesse, an Fähigkeiten und Erotik herumgerätselt; und sie traf ins Schwarze. Die Identitätsbildung in Freundschaften läuft nun nicht so ausgesprochen, vielmehr unauffällig, kaum bemerkbar, gleichsam nebenbei und wie von selbst. Erst wenn man sich darauf besinnt, kann man es an jedem Satz sichtbar machen. Den Blutsbanden, die bei dir und Manuel die Basis abgaben, entsprach bei mir und Susan die tiefe Verbundenheit zu Manfred. Das ist das Fundament einer gewissen Gleichartigkeit.

6. Wie unterscheiden sich Freundschaft, Liebesbeziehung und die neue Beziehungsform der erotischen Freundschaft?

Gut, aber das ändert nichts an der Schwierigkeit, meine Beziehungen zu Frauen zu klären: Die Grenzen zwischen Freundschaft und Liebesbeziehung sind fließend und ununterbrochen veränderlich. Nimmt man noch eine neue Beziehungsform hinzu, die meines Erachtens heute in der Luft liegt, nämlich die erotische Freundschaft, dann wird es noch komplexer. Ich könnte eine Liebesbeziehung von einer erotischen Freundschaft gefühlsmäßig deutlich unterscheiden, in einer verstandesklaren Definition ist das aber nicht so leicht. Eine Freundschaft unterscheidet sich von einer erotischen Freundschaft einfach dadurch, daß Liebemachen in diese Freundschaft einbezogen ist. Dadurch entstehen natürlich einige neue Probleme. Alexandra beispielsweise ist eine Freundin, mit der ich mir eine solche erotische Freundschaft gut vorstellen könnte. Wie wir intensiv reden oder speisen, so könnten wir auch Liebe machen, wenn es uns beiden liegt. Weil Alexandra aber zur Zeit einen Mann sucht und sich mit ihm verläßlich verbinden möchte, möchte sie eine sonst durchaus gewünschte erotische Beziehung zu mir eindeutig nicht. Es würde sie und damit ihr ganzes Vorhaben durcheinanderbringen. Von dir habe ich noch gar nicht gesprochen. Sollte es für dich zu schmerzlich sein, ginge es auch meinerseits nicht. Obwohl ich dir sozusagen von innen her gesehen nicht untreu würde, weil eine Lebensbeziehung, wie ich sie zu dir habe, mit einer erotischen Freundschaft nicht in Widerspruch, sondern eher in Ergänzung steht, könnte ich eine erotische Freundschaft ohne eine wirklich gute Klärung und Vereinbarung mit dir nicht realisieren. Betrachte ich aber meine Frauenfreundschaften für sich – sozusagen unabhängig von unserer Beziehung –, dann entdecke ich immer wieder, daß sie in dem Augenblick erotisch werden, wo sie einen bestimmten seelischen Tiefgang erreichen. Ich kann dann auf eine gelebte Erotik verzichten – das ist für mich das geringere Problem –, aber dieser Verzicht erscheint mir auch künstlich; er entspricht nicht den seelischen Verhältnissen, sondern einer Form ungelebten Lebens. Andererseits ist eine Liebesbeziehung eine Art Hauptachse des Lebens, für mich ist sie solitär, einmalig, ausschließlich. Nur selten habe ich Zeiten erlebt, in denen ich zwei Frauen gleichzeitig wirklich liebte. Dann war die Entwicklung der Beziehungen einfach noch nicht so weit, vielleicht gibt es auch Seelenlagen, in denen man durch mangelnde Selbstkenntnis einfach noch verwirrt ist und sich täuscht.

CÉLIA: Woran denkst du da jetzt?

MICHAEL: An eine doppelte Liebesbindung zu Nina und Sarah, dreißig Jahre her. Aber schon damals war ich gar nicht beunruhigt und quälte mich nicht mit einer herbeigezwungenen Entscheidung. Ich wußte schon damals, daß eine solche Lage sich nicht lange halten könnte. Ein viertel, höchstens ein halbes Jahr dauert es nach meiner Einschätzung, wenn man innerlich wirklich offen bleibt, sich also durch Schuldgefühle nicht allzuviel Erleben herunterstoppt, denn das wirkt ja immer sehr konservierend.

Frauenfreundschaften – jetzt ohne gelebte Erotik – sind bei mir überraschenderweise im Leben genauso häufig wie Männerfreundschaften. Ich will sie nicht alle aufzählen, du kennst sie ja. Auch die Gesetzmäßigkeiten, Gleichberechtigung und Wechselseitigkeit, gelten wie bei Männern. Es sind auch etwa zehn Beziehungen. Ich war einmal in den Ferien, als ich mir meine Freundschaften deutlich vor Augen führte, verblüfft, daß ich nicht, wie ich dachte, frauenzentriert lebte. Allerdings sind ja Frauenbeziehungen im Leben oft Liebesbeziehungen, und dadurch erhalten sie, einzeln gesehen, eine viel einflußreichere Bedeutung bei mir als Männerbeziehungen.

CÉLIA: Madjid ist für mich ein sehr, sehr guter Freund und war doch gleichzeitig eine Liebesbeziehung. Die Entstehungsgeschichte dieser erotischen Freundschaft ist anders, als du sie nanntest, und sie erscheint mir ungewöhnlich. Denn die Basis unserer Freundschaft ist diese Liebesbeziehung, die wiederum entstand, weil wir beide nur uns hatten und sonst nichts im Leben. Wir hatten nichts zu verlieren. Wir lebten beide in größter Sehnsucht füreinander und nach besseren Verhältnissen. Materiell existierten wir fast auf dem Nullpunkt, aber auch perspektivisch, weil es keinerlei Vorankommen gab. Und es spielte auch eine Rolle, daß wir beide Fremde »in diesem unseren Lande« waren. Unsere innere Verwandtschaft lag wohl darin, daß wir so gut miteinander weinen konnten. Es war nicht von Selbstmitleid getragen, vielmehr hatte unser Weinen fast Gesangscharakter. Madjid sang auch sehr schön iranische Lieder. Und er spielte mir Musik vor. Die Grundlage dieser Freundschaft war also ganz konkret und real etwas Existentielles. Anders und doch ebenfalls sehr intensiv ist meine Männerfreundschaft zu Sebastian, die mir viel bedeutet, ganz im Kontrast zu Philip oder Ferdinand, die ja ebenfalls einst Liebesbeziehungen waren, danach aber total schiefgingen, weil sich ein wirkliches Gespräch und ein wechselseitiges Verstehen mit ihnen nicht herstellen ließ.

MICHAEL: Als du sprachst, dachte ich zunächst, es gäbe bei mir keine vergangenen Liebesbeziehungen, die zu einer Freundschaft geworden wären. Dann aber fiel mir natürlich Katharina ein – wie konnte ich sie nur für einen Moment vergessen. Die Liebesbeziehung ist schon so lange her, und unsere Freundschaft geht nun schon über viele Jahre und hat soviel miterlebt, daß sie völlig im Vordergrund steht, obwohl zu Katharina ganz selbstverständlich auch Liebemachen gehören könnte, wenn wir es einmal beide wollten. So erlebe ich auch die Freundschaft zu Sylvia. Wie erlebst du beispielsweise die Freundschaft zu Sebastian – ist das für dich nicht eine erotische Freundschaft?

CÉLIA: Sowohl zu Madjid wie zu Sebastian habe ich im Grunde eine erotische Freundschaft, obwohl ich sie bisher nicht so genannt hatte. Ich habe allerdings an diesem Wort auch etwas kritisch anzumerken; ich finde nämlich, es betont die Erotik zu stark. Vielleicht sind das aber auch Schuldempfindungen. Ich habe ja auch mit Margret erotisch zusammen geschlafen oder mit Angelika.

MICHAEL: Das wären für mich dann auch erotische Freundschaften, gleichgeschlechtliche.

7. Jede Freundschaft hat eine erotische Grundlage

CÉLIA: Für mich beinhalten Freundschaften immer eine erotische Komponente. Selbst meinem Bruder Manuel gegenüber empfinde ich ein starkes erotisches Gefühl, wenn ich auch mit ihm nicht geschlafen habe. Es geht mir da wie dir: Wenn ich eine Freundschaft zu einem Menschen erlebe, ist die Erotik schon da. Mit Madjid ist sie stets gegenwärtig, während zu Norbert zwar eine intensive Freundschaft besteht, aber die gelebte Erotik nicht so selbstverständlich ist. Da würde ich die Beziehung Freundschaft nennen; die Erotik ist möglich, aber noch nicht lebendig. Mit Madjid und mit Sebastian ist die Erotik von vornherein da, und sie ist auch als wechselseitiges Ausdrucksmittel leichter zugänglich. Ich meine damit, daß in solchen erotischen Freundschaften die Sexualität ein schon gebahnter Weg ist, in den Gefühle einfließen können. Erotik wird zur Möglichkeit, dich mitzuteilen.

MICHAEL: Das erlebe ich auch so, obwohl ich es für mich noch nie so formulierte und bewußt gedacht habe.

CÉLIA: Mit Sebastian ist diese Chance, sich auszudrücken, sogar der Sprache vorrangig. Erotik ist einfach ein leichter zugänglicher Weg für ihn als Miteinanderreden, wodurch die meisten ein umfassenderes Gefühl bekommen.

MICHAEL: Ich hörte von Susan ähnliches. Sie hat einen Freund, mit dem sie kaum reden konnte. Statt dessen konnten sie wunderbar miteinander tanzen und lernten Tango gemeinsam. Das war für sie beide eine Art vollständiger Kommunikation.

CÉLIA: So kann ich beispielsweise mit Manuel ganz toll lachen – es ist wunderbar und geht dann nicht um Weltbewegendes. Wir können auch in besonderer Weise miteinander reden: nicht direkt persönlich – wie im Zwiegespräch –, sondern über unsere gemeinsame familiäre Vergangenheit; jetzt geht das noch besser als früher. Wir können auch sehr gut miteinander tanzen. Ich finde, etwas Körperliches muß immer dabei sein, sonst fühle ich mich auch nicht wohl.

MICHAEL: Hey, mit Manuel gut tanzen, das höre ich ja zum erstenmal. Das macht mich richtig eifersüchtig.

Mir fällt aber noch ein wesentlicher Unterschied auf: Die Erotik ist für mich der innerste Bereich, in dem ich mich stärker lebe und erkenne als in anderen Bezirken. So ist die Beschleunigung des inneren Erkennens durch die Erotik ungeheuer stark. Demgegenüber finde ich nicht-erotische Beziehungen geradezu zähflüssig. Jedenfalls ist es bei mir so.

CÉLIA: Meinst du nun gelebte Erotik im Vergleich zu nicht lebbarer Erotik in Freundschaften?

MICHAEL: Ja. Beispielsweise habe ich mit Katharina jetzt schon häufig nachts zusammengelegen, ohne daß wir miteinander Liebe gemacht hätten. Wir haben keine Hemmschwellen voreinander, aber die Verhältnisse waren einfach nicht danach. Dennoch ist es ein Unterschied, ob wir uns konkret lieben würden oder nicht. Das innere Erleben liefe mit Erotik in einer anderen Bilderwelt ab, es wäre intensiver, kurz: Die Welt wird für mich aufgebrochener durch die Erotik, schöpferischer.

CÉLIA: Vielleicht spiegeln sich erotische Freunde einfach intensiver. Vielleicht ist auch heute das Bedürfnis dringlicher, sich gespiegelt zu sehen und zu erkennen. Mir geht es aber auch beim Tanzen so, wie du es schilderst, und auch bei ganz alltäglichen Geschichten, etwa wenn man zusammensitzt und eine lustige Stimmung aufkommt.

MICHAEL: Ja, zwar habe ich diese enorme Tiefe auch in anderen Lagen – beispielsweise bei besonders gelungenen Meditationen oder wenn ich in einer speziellen inneren Verfassung bin, die ich poetisch nenne –, jetzt aber bin ich bei Zweiersituationen. In dem Augenblick, in dem die Erotik hinzukommt, öffnet sich für mich – anders kann ich es nicht ausdrücken – die Ganzheit. Ich bin dann plötzlich das ganze Selbst und nicht zwei Drittel Selbst.

CÉLIA: Jetzt merke ich bei deinen Worten, daß meine Erotik nicht unbedingt an eine Zweiersituation gebunden ist und auch nicht an den Geschlechtsakt. Mit einem Freund oder einer Freundin kann ich dieses Gefühl auch haben, wenn ich mit mehreren anderen zusammen bin. Dann nehme auch ich die Situation und meine Erlebnisse sehr viel stärker wahr. Du aber sagst letztlich, daß nur im Geschlechtsakt etwas geschieht, was diese seelische Intensität und Tiefe hat. Was ist das?

MICHAEL: Es ist mein Gefühl, daß ich in diesem Augenblick ganzheitlich bin – ganzheitlicher, intensiver, offener, ausgelieferter, aktiver und passiver gleichzeitig, als wenn ich mich beispielsweise in einer tollen Freundesrunde befände, in der ich mich – mal angenommen – hochverliebt hätte und meine Verfassung ungewöhnlich offen wäre. Es ist ein Riesenunterschied, kann ich dir von mir sagen. Es ist der Unterschied zwischen Lustgefühl und Orgasmus – vielleicht ist dieses Bild übersetzt auf die seelisch-geistige Verfassung am besten. In der konkret gelebten Erotik kommen Bilder und Räume auf, an die ich sonst gar nicht herankomme. Ich beginne in Bildern zu denken, ich weiß auch nicht genau, was da geschieht. Es erschließt sich ein anderer innerer Bezirk, ich könnte sagen, die schöpferische Provinz, die ich anders nur schwer erreiche. Deswegen bedeutet mir die Frage soviel, ob es erotische Freundschaft gibt. Denn dann wird mir sozusagen ein schöpferischer Reichtum zusätzlich mitgeschenkt.

CÉLIA: Ich kenne das übrigens wie du in deinen meditativen oder poetischen Stimmungen auch von einer Art tranceartigen Träumen, aber ich möchte zurück zur Freundschaft kommen.

MICHAEL: Was mir jetzt brennend klargeworden ist, betrifft doch die Aussparung des von Bert Brecht sogenannten »kleinen Teils« in Freundschaften, der in der seelischen Wirklichkeit ein unendlich großer Bereich ist, eben die Erotik.

Aber eben deswegen werden erotische Freundschaften auch so problematisch. Das beginnt schon damit, daß sie heute in der Regel noch schnell verletzen können – wenn ich eine erotische Freundschaft wirklich lebe, könntest du beispielsweise gekränkt sein. Es ist noch so schwer zu vermitteln, daß diese Verletzung imaginär ist, sozusagen nur in der Vorstellung existiert. Zudem leben wir noch nicht in einer Gesellschaft, in der diese Beziehungsform allgemein anerkannt ist. Das erschwert das Schuldgefühl und den guten Umgang mit erotischer Freundschaft erheblich. Heimlich geschieht es ja fast überall, aber eben noch nicht offen. Darüber hinaus ist sie natürlich auch mit neuen Schwierigkeiten behaftet, denn jede und jeder kommt aus seiner zentralen Beziehung, in der beide Seiten sorgfältig beachtet werden müssen. Mit Sylvia und Angelika beobachte ich das aufmerksam seit Jahren. Das Vorhaben erotische Freundschaft bringt immer Irrungen und Wirrungen, Unsicherheiten und mögliche Verletzungen mit sich, obwohl jede und jeder weiß, daß er nicht ersetzbar ist in seiner einmaligen Art, die Welt zu erleben.

Erotische Freundschaften – da bin ich sicher – bereichern auch die zentrale Liebesbeziehung, weil andere Partner ganz andere Seiten in einem mobilisieren und erotische Erfahrungen sich viel leichter verbreiten könnten. Aber schon das Gefühl der Ganzheitlichkeit, das mit der Erotik aufkommen kann, verhindert erotische Freundschaften aus Eifersucht. Aber auch aus der Sehnsucht heraus, alles sollte in einer einzigen Beziehung beherbergt sein. Von Marc Chagall lasen wir doch gerade den wunderschönen Satz: »Ich sah sie und betrat ein neues Haus für immer.« Ja, wenn es denn nur immer so wäre. Wahrscheinlich hängt diese Sehnsucht nach Ausschließlichkeit mit der frühesten Mutter-Kind-Körper-Seele-Einheit zusammen. Jeder von uns hat eben nur eine Mutter und nicht zwei oder mehrere. Es könnte aber gleichzeitig auch sein, daß wir seelisch zu schwach sind, weil wir uns zu sehr mit Selbstwertzweifeln herumschlagen und deswegen überall in Konkurrenzsituationen geraten. Wenn du mit Sebastian im Sinne einer erotischen Freundschaft schläfst, frage ich mich schneller, als mir lieb ist, was dann unsere Beziehung noch soll. Und wenn Madjid und sonst noch wer hinzukommt, frage ich mich, ob ich nur noch Ausruhehafen für deine Eskapaden sein soll oder was?

CÉLIA: Das gleiche geht natürlich auch in mir vor. Von innen kann ich klar sagen, daß beispielsweise meine Beziehung zu Sebastian nie eine Alternative zu unserer gewesen ist und sein wird.

MICHAEL: Aber von außen gesehen bin ich mißtrauischer, weil ich ja nicht in deiner Seele stecke. Ich halte mir selbst vor: Du kannst mir alles mögliche erzählen, verstehst du?

CÉLIA: Nur zu gut.

MICHAEL: Meine Lösung lautet so: Ich muß ein gewisses Maß an Unsicherheit und Eifersuchtsspannung aushalten. Ich werde nicht gleich daran sterben. Und dann muß ich mich persönlich entscheiden, wie ich gegebenenfalls mit einer erotischen Freundschaft von dir umgehe.

Andere machen es umgekehrt und konfrontieren den Partner: Entweder du entscheidest dich oder du siehst mich nicht wieder. Das ist für mich eine noch unreife Form, gesellschaftlich bedingt natürlich,

wenn auch ganz intim persönlich erlebt. Hier in Portugal, wo drei
Jahrhunderte die Inquisition herrschte, dürfte erotische Freundschaft völlig unmöglich sein.

8. Freundschaften schwinden und sind notwendiger
für die eigene Selbstentwicklung denn je

Mir fällt dazu der Satz des italienischen Schriftstellers Ignazio Si-
lone ein: Wir leben in einem Zeitalter der Revolution, deren Namen
»das Aussterben der Freundschaften« lautet. Das ist das zentrale
Dilemma. Denn das Schwinden der Freundschaften ist ja nur ein
kleiner Teil des allgemeinen Beziehungssterbens. Es beginnt beim
Geschwisterschwund in Europa. Wir werden zu Einzelkindnatio-
nen. Vielleicht sind Freundschaften als Ausgleich wesentlicher und
gleichzeitig auch behinderter denn je, weil das Urmodell der Geschwisterbeziehungen fehlt.

CÉLIA: Neben dem damit aufkommenden Problem der Fähigkeit
zu Freundschaften, die ich auch nicht gerade als sehr verbreitet erlebe, stellt sich dann allerdings auch die Frage nach der Zeit für
Freundschaften. Sie fehlt ja schon den Liebes- und Ehebeziehungen,
wenn ich an die vier Minuten denke, die das durchschnittliche ame-
rikanische Paar täglich nur noch miteinander redet. Wie viele
Freundschaften lassen sich überhaupt gleichzeitig leben? Ich sagte
schon: drei, vier, fünf.

MICHAEL: Ezriel hat da in seinem hohen Alter eine ganz klare
Meinung: fünf, sagt er. Ich stimmte zu. Und dennoch sehe ich in
meinem Leben überrascht zehn Frauen- und zehn Männerfreundschaften, die ich alle für vergleichsweise lebendig halte. Aber ich
lege inzwischen auch sehr viel Wert auf Freundschaften. Ich fühle,
daß lebendige Freundschaften ein persönliches Treffen oder Gespräch einmal im Monat nötig machen. Ich habe den Mittwoch-
abend für Freundschaften reserviert – aber das bedeutet nur eine
Chance für vier Freundschaften. Es müssen also noch andere Zeiten
hinzukommen. Eine Frau erzählte mir, daß sie einen ganzen
Freundschaftsmonat im Jahr für Freunde eingerichtet hat. Vor Jahren hat mir eine psychoanalytische Felduntersuchung die Augen geöffnet. Es kam heraus, daß die Menschen am besten seelische Krisen
durchstehen, die eine Reihe fester und guter Freundschaften hatten.

Und die hohe Bedeutung des offenen, vertrauensvollen Gespräches, des »Opening up«[7], belegt diese enorme Wirkung bis in die Bereiche körperlicher Gesundheit. Wer aussprechen kann, was ihn bewegt, lebt gesünder und lebendiger.

CÉLIA: Wer Freundschaften führen kann, hat das wohl auch von zu Hause mitbekommen. Es gibt ja kaum etwas fundamental Neues nach den grundlegenden und prägenden Kinderjahren. Vielleicht stehen hinter Freundschaften nicht nur die Geschwisterbeziehungen, sondern auch die Elternbeziehungen. Eines aber scheint mir doch weitergehend als die Erlebnisse der Kindheit: Einen Freund oder eine Freundin zu gewinnen ist sozusagen die Inbesitznahme des Häuslichen, der eigenen Heimat. So wie Goethe sagte: »Was du ererbt von deinen Vätern, erwirb es, um es zu besitzen.«

C. Themen, die in Freundschaftszwiegesprächen aufkommen können

Hier endete unser Zwiegespräch noch nicht, doch reicht dieser Ausschnitt als Anregung zum Selbermachen. In einem Seminar zu Freundschaften sammelten die Mitglieder Themen, indem sie reihum das *wesentlichste Freundschaftserlebnis* erzählten. Daraus ergab sich zunächst die Frage nach dem *Wesen der Freundschaft*, dann wurden die *Bedingungen* erörtert, unter denen Freundschaften *gelingen* oder *mißlingen*, schließlich interessierten alle die *Entstehungsgeschichten* von Freundschaften. Da das Bewußtsein für das Schwinden der Freundschaften, aber auch für ihre Bedeutung gleichsam von Minute zu Minute stieg, nahmen die *Wege, neue Freunde zu gewinnen*, einen vorrangigen Platz in der Kleingruppenarbeit ein. Dazu gehörte das Aufsuchen von »*Anknüpfungsplätzen*«, die vor allem in Workshops und Seminaren gesehen wurden. Zu ihnen muß man sich ebenso bewußt entschließen wie zum Mut, einen Menschen anzusprechen, wenn man spürt, daß vielleicht mit ihm eine Freundschaft möglich werden könnte.

Wir sind da inzwischen sehr wach geworden. Das liegt nicht zuletzt

---

7 Pennebaker, Sag mir, was dich bedrückt. Düsseldorf 1993

an den bewußtseinsbildenden Zwiegesprächen. Daß Michael – wie vor Jahren geschehen – einen alten Türken, dessen Gesicht ihm als der Inbegriff der Güte und geradezu weisen Abgeklärtheit im Alter erschien, nicht mehr anspricht, wäre ihm heute undenkbar. Aber es gehört einige innere seelische Entwicklung dazu, bis man so weit ist.

Im übrigen sind wir der Auffassung, daß gute Freundschaften dringend notwendig für das Wachsen einer guten Liebesbeziehung sind. In Krisen hat man den freundlichen Ort der seelischen Verarbeitung, und in erfreulichen Zeiten gelingt es im intimen Gespräch mit anderen Vertrauten, gleichsam durch einen Blick von außen überhaupt erst zu verstehen, welcher Art die Liebesbeziehung ist, die man gerade lebt. So sind Freundschaften im Leben die zentralen seelischen Entwicklungsförderer. Es lohnt sich wirklich, sich trotz aller Widrigkeiten für sie einzusetzen.» »Wem der große Wurf gelungen, eines Freundes Freund zu sein...«

Martin Buber

Ich und Du

Die Geschichte des einzelnen und die der Menschengattung stimmen, worin immer sie auseinandergehen mögen, in dem einen jedenfalls überein, daß sie eine fortschreitende Zunahme der Eswelt bedeuten.

Das wird für die Geschichte der Gattung bezweifelt; man weist darauf hin, daß die einander ablösenden Reiche der Kultur jeweilig mit einer, wenn auch verschiedenartig gefärbten, so doch gleichartig gebauten Primitivität und ihr gemäß mit einer kleinen Gegenstandswelt beginnen; es würde somit dem Leben des Individuums nicht das der Gattung, sondern das der einzelnen Kultur entsprechen. Aber, wenn man von den isoliert scheinenden absieht: die unter dem geschichtlichen Einfluß anderer stehenden Kulturen übernehmen in einem bestimmten − nicht ganz frühen, dem Zeitalter der Höhe jedoch vorausgehenden − Stadium die Eswelt jener, sei es durch unmittelbares Empfangen der noch gleichzeitigen, wie das Griechentum die ägyptische, sei es durch mittelbares der vergangenen, wie die abendländische Christenheit die griechische empfing: sie vergrößern ihre Eswelt nicht bloß durch eigne Erfahrung, sondern auch durch die aufgenommenen Zuflüsse von fremder; und nun erst vollzieht sich an der so gewachsenen die entscheidende, entdeckerische Erweiterung. (Wobei vorerst außer acht gelassen sei, wie übermächtig daran das Schauen und die Taten der Duwelt beteiligt sind.) Es ist somit im allgemeinen die Eswelt jeder Kultur umfänglicher als die der vorangehenden, und trotz etlichen Stokkungen und scheinbaren Rückläufen ist in der Geschichte die fortschreitende Zunahme der Eswelt deutlich zu erkennen. Nicht wesentlich ist hierfür, ob dem »Weltbild« einer Kultur mehr der

Der folgende Auszug aus dem Hauptwerk *Ich und Du* des großen Religionsphilosophen Buber soll die Grundlage bilden für die in diesem Buch aufgenommenen Texte über das Wesen der Freundschaft. Buber spricht in seinem Werk nicht konkret von der Freundschaft, sondern er stellt das dialogische Prinzip dar, in dem die Haltung des Menschen im »Ich-Du« und im »Ich-Es« anschaulich gemacht wird. Wenn Buber uns zur Verantwortung erziehen will, dann meint er auch die Verantwortung gegenüber den Mitmenschen, jenes Füreinanderdasein, das die Basis jeder Freundschaft sein sollte.

Charakter der Endlichkeit oder der der sogenannten Unendlichkeit, richtiger Nichtendlichkeit, zukommt; eine »endliche« Welt kann recht wohl mehr Bestandteile, Dinge, Prozesse enthalten als eine »unendliche«. Zu beachten ist auch, daß es nicht bloß den Umfang der Naturerkenntnis, sondern auch den der gesellschaftlichen Differenzierung und den der technischen Leistung zu vergleichen gilt; durch beide wird die gegenständliche Welt erweitert.

Das Grundverhältnis des Menschen zur Eswelt umfaßt das Erfahren, das sie immer wieder konstituiert, und das Gebrauchen, das sie ihrem vielfältigen Zweck, der Erhaltung, Erleichterung und Ausstattung des Menschenlebens, zuführt. Mit dem Umfang der Eswelt muß auch die Fähigkeit, sie zu erfahren und zu gebrauchen, zunehmen. Der einzelne kann zwar immer mehr unmittelbares Erfahren durch mittelbares, das »Erwerben von Kenntnissen«, ersetzen, er kann den Gebrauch immer mehr zur spezialisierten »Verwendung« abkürzen, dennoch ist eine stete Ausbildung der Fähigkeit von Generation zu Generation unerläßlich. Diese meint man zumeist, wenn man von einer fortschreitenden Entwicklung des geistigen Lebens redet. Wobei man sich freilich der eigentlichen Sprachsünde wider den Geist schuldig macht; denn jenes »geistige Leben« ist zumeist das Hindernis für ein Leben des Menschen im Geist und bestenfalls die Materie, die darin, bewältigt und eingeformt, aufzugehen hat. Das Hindernis. Denn die Ausbildung der erfahrenden und gebrauchenden Fähigkeit erfolgt zumeist durch Minderung der Beziehungskraft des Menschen – der Kraft, vermöge deren allein der Mensch im Geist leben kann.

Geist in seiner menschlichen Kundgebung ist Antwort des Menschen an sein Du. Der Mensch redet in vielen Zungen, Zungen der Sprache, der Kunst, der Handlung, aber der Geist ist einer, Antwort an das aus dem Geheimnis erscheinende, aus dem Geheimnis ansprechende Du. Geist ist Wort. Und wie die sprachliche Rede wohl erst im Gehirn des Menschen sich worten, dann in seiner Kehle sich lauten mag, beides aber sind nur Brechungen des wahren Vorgangs, in Wahrheit nämlich steckt die Sprache nicht im Menschen, sondern der Mensch steht in der Sprache und redet aus ihr, – so alles Wort, so aller Geist. Geist ist nicht im Ich, sondern zwischen Ich und

Du. Er ist nicht wie das Blut, das in dir kreist, sondern wie die Luft, in der du atmest. Der Mensch lebt im Geist, wenn er seinem Du zu antworten vermag. Er vermag es, wenn er in die Beziehung mit seinem ganzen Wesen eintritt. Vermöge seiner Beziehungskraft allein vermag der Mensch im Geist zu leben.

Aber das Schicksal des Beziehungsvorgangs reckt sich hier am gewaltigsten auf. Je mächtiger die Antwort, um so mächtiger bindet sie das Du, bannt es zum Gegenstand. Nur das Schweigen zum Du, das Schweigen *aller* Zungen, das verschwiegene Harren im ungeformten, im ungeschiedenen, im vorzunglichen Wort läßt das Du frei, steht mit ihm in der Verhaltenheit, wo der Geist sich nicht kundgibt, sondern ist. Alle Antwort bindet das Du in die Eswelt ein. Das ist die Schwermut des Menschen, und das ist seine Größe. Denn so wird Erkenntnis, so wird Werk, so wird Bild und Vorbild in der Mitte der Lebendigen.

Was aber so zum Es sich gewandelt hat, dem ist, dem zum Ding unter Dingen Erstarrten, der Sinn und die Bestimmung eingetan, daß es sich immer wieder entwandle. Immer wieder – so war es gemeint in der Stunde des Geistes, als er sich dem Menschen antat und die Antwort in ihm zeugte – soll das Gegenständliche zu Gegenwart entbrennen, einkehren zum Element, daraus es kam, von Menschen gegenwärtig geschaut und gelebt werden.

Die Erfüllung dieses Sinns und dieser Bestimmung wird von dem Menschen vereitelt, der sich mit der Eswelt als einer zu erfahrenden und zu gebrauchenden abgefunden hat und nun das in ihr Eingebundene, statt es zu lösen, niederhält, statt ihm zuzublicken, beobachtet, statt es zu empfangen, verwertet.

Erkenntnis: Im Schauen eines Gegenüber erschließt sich dem Erkennenden das Wesen. Er wird, was er gegenwärtiglich geschaut hat, wohl als Gegenstand fassen, mit Gegenständen vergleichen, in Gegenstandsreihen einordnen, gegenständlich beschreiben und zergliedern müssen; nur als Es kann es in den Bestand der Erkenntnis eingehen. Aber im Schauen war es kein Ding unter Dingen, kein Vorgang unter Vorgängen, sondern ausschließlich gegenwärtig. Nicht in dem Gesetz, das danach aus der Erscheinung abgeleitet wurde, sondern in ihr selber teilt sich das Wesen mit. Daß das Allgemeine gedacht wird, ist nur eine Abwicklung des knäuelhaften Ereignisses, da es im Besondern, im Gegenüber geschaut wurde. Und nun ist dieses in der Esform der begrifflichen Erkenntnis eingeschlossen. Wer es daraus erschließt und wieder gegenwärtig schaut, erfüllt den Sinn jenes Erkenntnisaktes als eines zwischen den Menschen Wirklichen und Wirkenden. Aber man kann Erkenntnis auch so betreiben, daß man feststellt: »so also verhält es sich damit, so heißt das Ding, so ist es beschaffen, da gehört es hin«, daß man das zu Es Gewordene als Es beläßt, als Es erfährt und gebraucht, es mitverwendet für die Unternehmung, sich in der Welt »auszukennen«, und sodann für die, die Welt zu »erobern«.

So auch die Kunst: Im Schauen eines Gegenüber erschließt sich dem Künstler die Gestalt. Er bannt sie zum Gebilde. Das Gebilde steht nicht in einer Götterwelt, sondern in dieser großen Welt der Menschen. Wohl ist es »da«, auch wenn kein Menschenauge es heimsucht; aber es schläft. Der chinesische Dichter erzählt, die Menschen hätten das Lied nicht hören mögen, das er auf seiner Jadeflöte spielte; da spielte er es den Göttern, und sie neigten das Ohr; seither lauschten auch die Menschen dem Lied: – so ist er denn von den Göttern zu denen gegangen, deren das Gebild nicht entraten kann. Nach des Menschen Begegnung schaut es wie im Traum aus, daß er den Bann löse und die Gestalt umfange, für einen zeitlosen Augenblick. Da kommt er nun gegangen und erfährt, was zu erfahren ist: so ist es gemacht, oder dies ist darin ausgedrückt, oder solcherart sind seine Qualitäten, und dazu wohl auch noch, welchen Rang es einnimmt.

Nicht als ob wissenschaftlicher und ästhetischer Verstand nicht vonnöten wäre: aber um sein Werk getreu zu tun und unterzutauchen in der überverständlichen, das Verständliche umschließenden Wahrheit der Beziehung.

Und zum dritten, über Geist der Erkenntnis und Geist der Kunst erhöht, weil hier der vergängliche körperhafte Mensch sich nicht dem dauernderen Stoff einzubilden braucht, sondern ihn überdauernd selber als Gebild, von der Musik seiner lebendigen Rede umrauscht, am Sternenhimmel des Geistes aufgeht: das reine Wirken, die Handlung ohne Willkür. Hier erschien dem Menschen aus tieferem Geheimnis das Du, sprach ihn aus dem Dunkel selber an, und er antwortete mit seinem Leben. Hier ist das Wort Mal um Mal Leben geworden, und dieses Leben, ob es Gesetz erfüllte oder Gesetz brach – beides tut jeweilig not, damit der Geist auf Erden nicht sterbe –, ist Lehre. So steht es vor den Nachgeborenen, sie zu lehren, nicht was ist und nicht was sein soll, sondern wie im Geist, im Angesicht des Du, gelebt wird. Und das heißt: es steht bereit, ihnen allzeit selbst zum Du zu werden und die Duwelt aufzutun; nein, es steht nicht bereit, es kommt immerdar auf sie zu und rührt sie an. Sie aber, zum lebendigen Verkehr, dem weltauftuenden, unlustig und untauglich geworden, wissen Bescheid; sie haben die Person in der Geschichte und ihre Rede in der Bücherei eingefangen; sie haben die Erfüllung oder den Bruch, gleichviel, kodifiziert; und sie geizen auch nicht mit Verehrung und gar Anbetung, hinlänglich mit Psychologie untermischt, wie es dem modernen Menschen geziemt. O einsames Angesicht sternhaft im Dunkel, o lebendiger Finger auf einer unempfindlichen Stirn, o verhallender Schritt!

Die Ausbildung der erfahrenden und gebrauchenden Funktion erfolgt zumeist durch Minderung der Beziehungskraft des Menschen.

Derselbe Mensch, der den Geist sich zum Genußmittel präparierte, was fängt er mit den ihn umlebenden Wesen an?

Unter dem Grundwort der Trennung stehend, das Ich und Es voneinanderhält, hat er sein Leben mit den Mitmenschen in zwei sauber umzirkte Reviere geschieden: Einrichtungen und Gefühle. Es-Revier und Ich-Revier.

Einrichtungen sind das »Draußen«, in dem man sich zu allerlei Zwecken aufhält, in dem man arbeitet, verhandelt, beeinflußt, unternimmt, konkurriert, organisiert, wirtschaftet, amtet, predigt; das halbwegs geordnete und einigermaßen stimmende Gefüge, in dem sich unter vielfältigem Anteil von Menschenköpfen und Menschengliedern der Ablauf der Angelegenheiten vollzieht.

Gefühle sind das »Drinnen«, in dem man lebt und sich von den Einrichtungen erholt. Hier schwingt einem das Spektrum der Emotionen vor dem interessierten Blick; hier genießt man seine Neigung und seinen Haß, seine Lust und, wenn er's nicht zu arg treibt, seinen Schmerz. Hier ist man daheim und streckt sich im Schaukelstuhl aus.

Die Einrichtungen sind ein kompliziertes Forum, die Gefühle eine immerhin an Abwechslungen reiche Kemenate.

Die Abgrenzung ist freilich stets gefährdet, da die mutwilligen Gefühle zuweilen in die sachlichsten Einrichtungen einbrechen, aber sie läßt sich mit einigem guten Willen wiederherstellen.

Am schwersten ist die zuverlässige Abgrenzung in den Gebieten des sogenannten persönlichen Lebens. In der Ehe etwa ist sie mitunter nicht ohne weiteres zu bewerkstelligen; aber das gibt sich. Vortrefflich führt sie sich in den Gebieten des sogenannten öffentlichen Lebens durch; man betrachte etwa, wie fehlerfrei im Jahr der Parteien, aber auch der überparteilich gemeinten Gruppen und ihrer »Bewegungen« die himmelstürmenden Tagungen und der – gleichviel, mechanisiert-gleichmäßig oder organisch-schlampig – am Boden hinkriechende Betrieb einander ablösen.

Aber das abgetrennte Es der Einrichtungen ist ein Golem und das abgetrennte Ich der Gefühle ein umherflatternder Seelenvogel. Beide kennen den Menschen nicht; jene nur das Exemplar, diese nur den »Gegenstand«, keins die Person, keins die Gemeinsamkeit. Beide kennen die Gegenwart nicht: jene, auch die modernsten, nur die starre Vergangenheit, das Fertigsein, diese, auch die ausdauerndsten, immer wieder nur den huschenden Augenblick, das Nochnichtsein. Beide haben keinen Zugang zum wirklichen Leben. Einrichtungen ergeben kein öffentliches und Gefühle kein persönliches Leben.

Daß Einrichtungen kein öffentliches Leben ergeben, verspüren Menschen in wachsender Zahl, verspüren es mit wachsendem Leid; dies ist der Ort, von dem die suchende Not des Zeitalters ausgeht. Daß Gefühle kein persönliches Leben ergeben, haben erst wenige verstanden; hier scheint ja das Allerpersönlichste zu hausen; und wenn man erst wie der moderne Mensch gelernt hat, sich ausgiebig mit den eignen Gefühlen zu befassen, wird einen auch die Verzweiflung an ihrer Unwirklichkeit nicht leicht eines Besseren belehren, da ja auch sie ein Gefühl und interessant ist.

Die Menschen, die daran leiden, daß Einrichtungen kein öffentliches Leben ergeben, sind auf ein Mittel verfallen: man müsse die Einrichtungen eben durch die Gefühle auflockern oder aufschmelzen oder aufsprengen, man müsse sie eben aus den Gefühlen erneuern, indem man die »Freiheit des Gefühls« in sie einführt. Wenn etwa der automatisierte Staat wesensfremde Bürger zusammenkoppelt, ohne ein Miteinander zu stiften oder zu fördern, sei er durch die Liebesgemeinde zu ersetzen; und Liebesgemeinde, die entstehe eben, wenn Leute aus dem freien, überschwenglichen Gefühl zueinander kommen und miteinander leben wollen. Aber dem ist nicht so; die wahre Gemeinde entsteht nicht dadurch, daß Leute Gefühle füreinander haben (wiewohl freilich auch nicht ohne das), sondern durch diese zwei Dinge: daß sie alle zu einer lebendigen Mitte in lebendig gegenseitiger Beziehung stehen und daß sie untereinander in lebendig gegenseitiger Beziehung stehen. Das zweite entspringt aus dem ersten, ist aber noch nicht mit ihm allein gegeben. Lebendig gegenseitige Beziehung schließt Gefühle ein, aber sie stammt nicht von ihnen. Die Gemeinde baut sich aus der lebendig gegenseitigen Beziehung auf, aber der Baumeister ist die lebendig wirkende Mitte.

Auch Einrichtungen des sogenannten persönlichen Lebens können nicht aus dem freien Gefühl erneuert werden (wiewohl freilich nicht ohne es). Die Ehe etwa wird sich nie aus etwas andrem erneuern, als woraus allzeit die wahre Ehe entsteht: daß zwei Menschen einander das Du offenbaren. Daraus baut das Du, das keinem von beiden Ich ist, die Ehe auf. Dies ist das metaphysische und metapsychische Faktum der Liebe, das von den Liebesgefühlen nur begleitet wird. Wer die Ehe von andrem her erneuern will, ist nicht wesensverschieden von dem, der sie aufheben will: beide sagen aus, daß sie das Faktum nicht mehr kennen. Und in der Tat, wenn man von all der vielberedeten Erotik des Zeitalters alles abrechnete, was Ichbezogenheit ist, alles Verhältnis also, worin eins dem andern gar nicht gegenwärtig, von ihm gar nicht vergegenwärtigt wird, sondern eins am andern nur sich selbst genießt, was bliebe wohl?

Wahres öffentliches und wahres persönliches Leben sind zwei Gestalten der Verbundenheit. Auf daß sie werden und bestehen, tun Gefühle not, der wechselnde Gehalt, tun Einrichtungen not, die stetige Form, aber auch beide zusammengetan schaffen das menschliche Leben noch nicht, sondern das dritte schafft es, die zentrale Gegenwart des Du, vielmehr, daß ich's wahrer sage, das in der Gegenwart empfangene zentrale Du.

Das Grundwort Ich-Es ist nicht vom Übel – wie die Materie nicht vom Übel ist. Es ist vom Übel – wie die Materie, die sich anmaßt, das Seiende zu sein. Wenn der Mensch es walten läßt, überwuchert ihn die unablässig wachsende Eswelt, entwirklicht sich ihm das eigne Ich, bis der Alp über ihm und das Gespenst in ihm einander das Geständnis ihrer Unerlöstheit zuraunen.

– Aber ist denn das Gemeinleben des modernen Menschen nicht mit Notwendigkeit in die Eswelt versenkt? Sind die zwei Kammern dieses Lebens, die Wirtschaft und der Staat, in ihrem gegenwärtigen Umfang und in ihrer gegenwärtigen Durchbildung denkbar auf einer andern Grundlage als auf der eines überlegnen Verzichts auf alle »Unmittelbarkeit«, ja einer unbeugsam entschloßnen Ablehnung jeder »fremden«, nicht diesem Gebiet selbst entstammenden Instanz? Und wenn es das erfahrende und gebrauchende Ich ist, das hier waltet, das Güter und Leistungen gebrauchende in der Ökonomie, das Meinungen und Strebungen gebrauchende in der Politik, ist nicht eben dieser uneingeschränkten Herrschaft die ausgedehnte und standfeste Struktur der großen »objektiven« Gebilde in diesen zwei Umkreisen zu verdanken? Ja, ist nicht die bildnerische Größe des führenden Staatsmanns und des führenden Wirtschaftsmanns eben daran gebunden, daß er die Menschen, mit denen er zu schaffen hat, nicht als Träger des unerfahrbaren Du, sondern als Leistungs- und Strebungszentren ansieht, die es in ihren besonderen Befähigungen zu berechnen und zu verwenden gilt? Würde seine Welt nicht über ihm zusammenbrechen, wenn er versuchte, statt Er + Er + Er zu einem Es zu addieren, die Summe von Du und Du und Du zu ziehen, die nie etwas anderes als wieder Du ergibt? Hieße das nicht die formende Meisterschaft gegen einen bastelnden Dilettantismus und die lichtmächtige Vernunft gegen eine neblichte Schwärmerei vertauschen? Und wenn wir von den Lenkern auf die Gelenkten blicken, hat nicht die Entwicklung selbst in der modernen Art der Arbeit und in der modernen Art des Besitzes fast jede Spur des Gegenüberlebens, der sinnvollen Beziehung getilgt? Es wäre absurd, sie zurückschrauben zu wollen – und gelänge das Absurde, so wäre zugleich der ungeheure Präzisionsapparat dieser Zivilisation zerstört, der allein der ungeheuer angewachsenen Menschheit das Leben ermöglicht.

– Redender, du redest zu spät. Eben noch hättest du deiner Rede glauben können, jetzt kannst du es nicht mehr. Denn vor einem Nu hast du es wie ich gesehen, daß der Staat nicht mehr gelenkt wird; die Heizer häufen noch die Kohlen, aber die Führer regieren nur noch zum Schein die dahinrasenden Maschinen. Und in diesem Nu, während du redest, kannst du es wie ich hören, daß das Hebelwerk der Wirtschaft in einer ungewohnten Weise zu surren beginnt; die Werkmeister lächeln dich überlegen an, aber der Tod sitzt in ihren Herzen. Sie sagen dir, sie paßten den Apparat den Verhältnissen an; aber du merkst, sie können fortan nur noch sich dem Apparat anpassen, solang er es eben erlaubt. Ihre Sprecher belehren dich, daß die Wirtschaft das Erbe des Staates antrete; du weißt, daß es nichts andres zu erben gibt als die Zwingherrschaft des wuchernden Es, unter der das Ich, der Bewältigung immer unmächtiger, immer noch träumt, es sei der Gebieter.

Das Gemeinleben des Menschen kann ebensowenig wie er selbst der Eswelt entraten, – als über der die Gegenwart des Du schwebt wie der Geist über den Wassern. Nutzwille und Machtwille des Menschen wirken naturhaft und rechtmäßig, solang sie an den menschlichen Beziehungswillen geschlossen sind und von ihm getragen werden. Es gibt keinen bösen Trieb, bis sich der Trieb vom Wesen löst; der ans Wesen geschlossene und von ihm bestimmte Trieb ist das Plasma des Gemeinlebens, der abgelöste ist dessen Zersetzung. Wirtschaft, das Gehäuse des Nutzwillens, und Staat, das Gehäuse des Machtwillens, haben so lange teil am Leben, als sie am Geist teilhaben. Schwören sie ihm ab, haben sie's dem Leben getan: das Leben läßt sich freilich Zeit, seine Sache auszutragen, und eine gute Weile vermeint man noch ein Gebilde sich regen zu sehn, wo längst schon ein Getriebe wirbelt. Mit der Einführung etwelcher Unmittelbarkeit ist da in der Tat nicht zu helfen; die Lockerung der gefügten Wirtschaft oder des gefügten Staates kann nicht aufwiegen, daß sie nicht mehr unter der Suprematie des dusagenden Geistes stehen; keine Aufrührung der Peripherie kann die lebendige Beziehung zur Mitte ersetzen. Gebilde des menschlichen Gemeinlebens haben ihr Leben aus der Fülle der Beziehungskraft, die ihre Glieder durchdringt, und ihre leibhafte Form aus der Bindung dieser Kraft im Geist. Der Staatsmann oder Wirtschaftsmann, der dem Geiste botmäßig ist, dilettiert nicht; er weiß wohl, daß er den Menschen, mit denen er zu schaffen hat, nicht schlechthin als Trägern des Du gegenübertreten kann, ohne sein Werk aufzulösen; aber er wagt es dennoch, nur eben nicht schlechthin, zu tun, bis zur Grenze nämlich, die ihm der Geist eingibt; und da gibt ihm der Geist die Grenze ein; und das Wagnis, das ein abgetrenntes Gebilde gesprengt hätte, gerät in dem von der Gegenwart des Du überschwebten. Der schwärmt nicht; er dient der Wahrheit, die, übervernünftig, die Vernunft nicht verstößt, sondern im Schoße hält. Er tut im Gemeinleben nichts andres, als im persönlichen der Mensch, der sich wohl unfähig weiß, das Du rein zu verwirklichen, und es doch alltäglich am Es bewährt, nach dem Recht und Maß dieses Tages, täglich neu die Grenze ziehend, – die Grenze entdeckend. So auch sind Arbeit und Besitz von sich aus nicht zu erlösen, nur vom Geiste aus; nur aus einer Präsenz kann aller Arbeit Bedeutung und Freude, allem Besitz Ehrfurcht und Opferkraft einströmen, nicht randvoll, aber quantum satis, – kann alles Gearbeitete und alles Besessene, der Eswelt verhaftet bleibend, dennoch sich zum Gegenüber und zur Darstellung des Du verklären. Es gibt kein Dahinter-zurück, es gibt, noch im Augenblick der tiefsten Not, ja erst in ihm, ein vorher ungeahntes Darüber-hinaus.

Ob der Staat die Wirtschaft regelt oder die Wirtschaft den Staat beauftragt, ist, solange beide unverwandelt sind, nicht wichtig. Ob die Einrichtungen des Staates freier und die der Wirtschaft gerechter werden, ist wichtig, aber nicht für die Frage nach dem wirklichen Leben, die hier gefragt wird; frei und gerecht können sie von sich aus nicht werden. Ob der Geist, der dusagende, der antwortende Geist am Leben und an der Wirklichkeit bleibt; ob das, was noch von ihm im Gemeinleben des Menschen eingesprengt ist, weiterhin dem Staat und der Wirtschaft unterworfen ist oder selbständig wirkend wird; ob das, was von ihm noch im persönlichen Leben des Menschen ausharrt, sich dem Gemeinleben wieder einverleibt: ist entscheidend. Mit einer Aufteilung des Gemeinlebens in unabhängige Bereiche, zu denen auch »das geistige Leben« gehörte, wäre dies freilich nicht getan; das hieße nur die in die Eswelt versenkten Gebiete endgültig der Zwingherrschaft preisgeben, den Geist aber vollends entwirklichen; denn selbständig ins Leben wirkend ist der

Geist niemals an sich, sondern an der Welt: mit seiner die Eswelt durchdringenden und verwandelnden Gewalt. Der Geist ist wahrhaft »bei sich«, wenn er der ihm erschloßnen Welt gegenübertreten, sich ihr hingeben, sie und an ihr sich erlösen kann. Das könnte die zerstreute, geschwächte, entartete, widerspruchdurchsetzte Geistigkeit, die heute den Geist vertritt, freilich erst, wenn sie wieder zum Wesen des Geistes, zum Dusagenkönnen gediehe.

Der Weg der Freundschaft

Unter dieser Überschrift finden sich Texte, die –
chronologisch geordnet – einen Überblick geben
über die Entwicklungsgeschichte der Freundschaft.
Die hier zu Wort kommenden Denker, von Platon
bis Khalil Gibran, betonen immer wieder den Wert
der Freundschaft, ohne die der Mensch als Wesen
der Gemeinschaft nicht existieren könnte. Nur weil
er sich zu anderen verhält, verhält er sich auch zu
sich selbst. Somit ist die aristotelische Definition
des Menschen als »zoon politikon« richtig und bietet überdies die Möglichkeit, durch den Umgang
mit anderen den Weg der Eigenidentifikation zu
beschreiten.

Platon

Gute Freunde

Ich also, teils weil ich den Menexenos ausruhen wollte, teils auch in der Freude über jenes Nachdenklichkeit, wechselte um und, die Rede an den Lysis richtend, sagte ich: O Lysis, du scheinst mir richtig zu sprechen, denn wenn wir unsere Untersuchung recht angelegt hätten, so würden wir schwerlich so in die Irre geraten sein. Hier also laß uns nicht weitergehen, denn sie ist offenbar gar ein schlimmer Weg, diese Untersuchung; sondern wo wir abgelenkt haben, da, glaube ich, müssen wir weitergehen und nach den Dichtern untersuchen. Denn diese sind doch gleichsam unsere Väter und Führer in der Weisheit. Sie reden aber so, daß sie sich wahrlich nicht schlecht erklären über Freunde, wer sie sind, sondern der Gott selbst, sagen sie, führe sie einander zu und mache sie zu Freunden. Es lautet aber dieses bei ihnen, wenn ich nicht irre, so: »Wie doch stets den Gleichen ein Gott gesellet zum Gleichen« und ihn bekannt macht. Oder sind dir diese Verse niemals vorgekommen? – Mir wohl, sagte er. – Auch wohl Schriften sehr weiser Männer sind dir vorgekommen, welche eben dasselbe sagen, daß das Ähnliche dem Ähnlichen notwendig immer freund sei. Und dies sind die, welche von der Natur und dem All reden und schreiben. – Richtig, sagte er. – Sprechen sie also wahr? – Vielleicht, sagte er. – Vielleicht, sprach ich, zur Hälfte, vielleicht aber auch ganz, und wir verstehen es nur nicht. Denn uns scheint der Böse dem Bösen, je näher er ihm kommt und je genauer er mit ihm umgeht, um desto mehr feind werden zu müssen. Denn er beleidigt; die Beleidigenden aber und Beleidigten können unmöglich Freunde sein. Nicht so? – Gewiß, sagte er. – Auf diese Art also wäre von dem Gesagten die Hälfte nicht wahr, wenn doch die Bösen einander auch ähnlich sind. – Du hast recht. – Aber mich dünkt, sie wollen nur von den Guten sagen, daß sie einander ähnlich sind und freund; die Bösen aber, was ja auch von ihnen gesagt wird, wären niemals nicht einmal sich selbst ähnlich, sondern veränderlich und nicht zu berechnen. Was aber sich selbst unähnlich ist und mit sich selbst in Zwiespalt, damit hat es gute Wege, daß es jemals sollte einem andern ähnlich werden und freund. Oder meinst du nicht auch so? – Ich allerdings, sagte er. – Dieses also, o Freund, wollen jene, wie mich dünkt, andeuten, welche sagen, das Ähnliche sei dem Ähnlichen freund, daß nämlich nur der Gute und nur dem Guten freund ist, der Böse aber niemals, weder mit dem Guten noch mit dem Bösen zu einer wahren Freundschaft gelangt. Stimmst du mit ein? – Er bejahte es. – Das also hätten wir nun, welche Menschen Freunde sind; denn die Rede zeigt ganz deutlich an, es sind die, welche gut sind. – So, sagte er, scheint es allerdings.

Aristoteles

Absichtslose Freundschaft

Da es drei Arten von Freundschaft gibt und es bei jeder eine Gleichheit der Freunde geben kann oder eine Überlegenheit (denn es können in gleicher Weise die Guten Freunde werden, oder ein Besserer mit einem Schlechteren, ebenso auch die Angenehmen, und endlich auf Grund des Nutzens sowohl jene, die einander gleich viel nützen, wie jene, die darin unterschieden sind), so muß man bei den Gleichen eben diese Gleichheit in der Freundschaft und im übrigen herstellen, die Ungleichen aber im Verhältnis des Übermaßes behandeln.

Vorwürfe und Klagen gibt es ausschließlich oder doch meistens in der auf dem Nutzen beruhenden Freundschaft, und dies begreiflicherweise. Denn jene, die einander wegen der Tugend lieben, nehmen sich vor, einander Gutes zu tun (denn dies gehört zur Tugend und zur Freundschaft), und wenn man darin wetteifert, kann es keine Vorwürfe oder Streit geben (denn über den Liebenden, der einem Gutes tut, ärgert sich keiner, sondern wenn er gutgesinnt ist, wehrt er sich, indem er seinerseits Gutes tut; wer aber Überwiegendes leistet und dann erhält, was er erstrebt, wird dem Freund keinen Vorwurf machen, denn beide streben ja nach dem Guten). Auch dort, wo die Lust der Grund ist, kommt dies kaum vor (denn beide erreichen, wonach sie streben, und freuen sich, beisammen zu sein; wer jenem Vorwürfe machen wollte, der ihm nicht gefällt, wäre lächerlich, da es ihm ja freisteht, sich zu entfernen). Die Freundschaft auf Grund des Nutzens aber neigt zu Vorwürfen. Denn da sie wegen des Gewinnes miteinander umgehen, verlangen sie immer mehr und glauben weniger zu erhalten, als ihnen zukommt, und schimpfen, daß sie nicht so viel erhalten, wie sie sollten und wessen sie wert wären. Wer umgekehrt Gutes tut, kann niemals so viel leisten, als die Empfänger haben möchten.

Wie es nun ein doppeltes Recht gibt, das ungeschriebene und das gesetzliche, so scheint auch bei der Freundschaft aus Nutzen die eine auf dem Charakter, die andere auf dem Gesetz zu beruhen. Die Vorwürfe entstehen dann am meisten, wenn sie sich nicht in demselben Sinne auseinandersetzen. Die gesetzliche Freundschaft beruht auf Abmachungen, die ganz ordinäre »aus der Hand in die Hand«, die etwas großzügigere auf Sicht und mit einem Vertrag über Leistung und Gegenleistung (da ist dann die Verpflichtung klar und unbestreitbar, und nur der Aufschub enthält ein Element der Freundschaft; darum gibt es bei einigen kein Rechtsverfahren in solchen Dingen, sondern man meint, daß jene sich als Freunde benehmen müssen, die etwas auf Treu und Glauben hin abgemacht haben).

Die Freundschaft auf Grund des Charakters beruht nicht auf Abmachungen, sondern man schenkt oder leistet etwas auf Grund der Freundschaft. Man erwartet aber gleich viel oder mehr wieder zu erhalten, wie wenn man nicht gegeben, sondern ausgeliehen hätte; und erfolgt die Gegenleistung nicht entsprechend der Leistung, so klagt man. Dies kommt daher, daß alle oder die meisten zwar das Edle wollen, aber das Nützliche vorziehen. Schön ist es nun, Gutes zu tun ohne die Absicht, Gutes zu erfahren, nützlich aber, Gutes zu erfahren.

Wer also kann, soll den Gegenwert dessen, was er erhalten hat, geben, und zwar freiwillig. Tut er es unfreiwillig, so soll man ihn nicht als Freund ansehen, da er sich von Anfang an verfehlt und Gutes empfing, wo er es nicht hätte tun sollen, nämlich nicht von einem Freunde und nicht von einem, der es aus eben diesem Grund tat. Und dann muß man die Wohltat zurückerstatten, wie wenn es sich um eine Abmachung handelte. Und wer es kann, wird auch zugestehen, daß er vergelten möchte. Kann man das nicht, so wird auch der, der gegeben hat, es nicht verlangen. Also, wenn man kann, so soll man zurückgeben. Aber man soll von vornherein prüfen, von wem man Wohltaten angeboten bekommt und unter welcher Bedingung, damit man sie annehme oder nicht.

Die Frage besteht, ob man die Gegenleistung nach dem Nutzen, den die Leistung für den Empfänger hatte, bemessen soll, oder nach der Leistung, die es für den Gebenden war. Denn die Empfänger werden sagen, sie hätten etwas erhalten, was für den Gebenden eine Kleinigkeit war und was man auch von anderen hätte bekommen können, und verkleinern damit die Gabe. Jene umgekehrt erklären, sie hätten das Größte dahingegeben und was man nirgendwo sonst bekommen hätte und was sie unter Gefahren und Entbehrungen gegeben hätten. Da nun die Freundschaft auf dem Nutzen beruht, ist da wohl der Nutzen für den Empfänger der richtige Maßstab? Denn er hat darum gebeten, und der andere hilft ihm in der Erwartung, gleiches dafür zu erhalten. Die Hilfe ist so groß, als der Nutzen für den Empfänger war, und so muß zurückgegeben werden, soviel es genützt hat, oder noch mehr. Denn so ist es schöner.

Epikur

Freundschaft

Die Fähigkeit, Freundschaft zu gewinnen, ist unter allem, was Weisheit zur Glückseligkeit beitragen kann, bei weitem das Bedeutendste.

Cicero

Über die Freundschaft

Es ist doch Freundschaft nichts anderes als Übereinstimmung in allen göttlichen und menschlichen Dingen, verbunden mit Wohlwollen und Liebe; im Vergleich zu ihr ist jedenfalls, die Weisheit ausgenommen, dem Menschen nichts Besseres von den unsterblichen Göttern gegeben worden. Reichtum ziehen einige vor, kräftige Gesundheit andere, andere Macht, noch andere Ämter, viele auch sinnliche Genüsse: Dies Letzte freilich ist tierisch; jene anderen Dinge sind hinfällig und ohne Sicherheit und ruhen nicht so sehr in unseren Entschlüssen als auf dem blinden Ungefähr des Glücks. Die aber in der Mannestugend das höchste Gut erblicken, handeln zwar vortrefflich, allein gerade sie, die Mannestugend, zeugt und erhält Freundschaft, und ohne Mannestüchtigkeit kann Freundschaft schlechterdings nicht bestehen.

Die Mannestugend nun wollen wir nach dem Sprachgebrauche unseres gewöhnlichen Lebens erklären und sie nicht wie gewisse Philosophen an dem Aufwand an Worten messen und wollen rechtschaffene Männer die heißen, die als solche angesehen werden: einen Paulus, Cato, Galus, Scipio, Philus. Mit solchen ist das gewöhnliche Leben zufrieden; die aber wollen wir beiseite lassen, die nie und nirgendwo zu finden sind.

Unter Männern dieser Art also hat die Freundschaft so große Annehmlichkeiten, daß ich es kaum zu sagen vermag. Zuerst: Wie kann ein Leben denn »lebenswert« sein, wie Ennius sagt, das nicht in des Freundes wechselseitigem Wohlwollen ruht? Was ist denn angenehmer als jemanden zu haben, mit dem du alles wie mit dir selbst zu reden wagst? Was wäre ein noch so großer Gewinn im Glück, wenn du keinen hättest, der sich genauso wie du selbst darüber freute? Unglück gar wäre schwer zu tragen ohne einen, der es noch schwerer nähme als du. Die andern Dinge endlich, die man anstrebt, sind immer fast nur diesem oder jenem Zwecke dienlich: Reichtum, ihn zu gebrauchen – Einfluß, daß man sich Aufmerksamkeit erweisen lasse – Ämter, daß man dich lobe – Sinnengenüsse, daß du dich daran ergötzest – Gesundheit, um des Schmerzes zu entraten·und die Aufgaben des Leibes zu vollbringen. Die Freundschaft aber enthält gar viele Dinge. Wohin du dich wendest, ist sie zugegen, von keinem Orte ist sie ausgeschlossen, niemals ist sie ungelegen, nie beschwerlich. Und so bedienen wir uns nicht des Wassers, nicht des Feuers, wie sie sagen, bei mehr Gelegenheiten als der Freundschaft. Und zwar spreche ich jetzt nicht von der gemeinen oder minderen Freundschaft, obwohl auch die schon erfreut und nützt, sondern von der wahren und vollkommenen, so wie sie nur bei den wenigen war, deren Namen man nennt. Denn Freundschaft macht ein Glück noch glänzender, das Unglück aber, indem sie teilt und mitteilt, leichter.

Seneca

Vertrauen

Briefe mir zu überbringen hast du, wie du schreibst, anvertraut deinem Freunde; sodann ermahnst du mich, ich solle nicht alles, was dich betreffe, mit ihm besprechen, weil du nicht einmal selber das zu tun pflegest: so hast du in demselben Brief ihm den Namen Freund gegeben *und* genommen. Daher – wenn du dieses Wort zunächst in der gleichsam allgemeinen Bedeutung gebrauchst und so ihn einen »Freund« genannt hast, wie wir alle Amtsbewerber »gute Männer« nennen, wie wir uns Begegnende, wenn uns der Name nicht einfällt, mit »Herr« begrüßen, mag es hingehen.

Aber wenn du einen für deinen Freund hältst, dem du nicht ebensoviel vertraust wie dir, irrst du gewaltig und kennst nicht genug die Kraft wahrer Freundschaft. Ja, in allem berate dich *mit* deinem Freund, aber *über* ihn vorher: nachdem eine Freundschaft geschlossen, muß man vertrauen, vorher urteilen. Die allerdings bringen in verkehrter Reihenfolge ihre Pflichten durcheinander, die gegen die Regel des Theophrast, wenn sie schon lieben, urteilen und nicht [mehr] lieben, wenn sie zu einem Urteil gekommen sind. Lang denke nach, ob du jemanden zu deinem Freund machen sollst. Wenn du zu positivem Ergebnis gekommen bist, erschließ ihm ganz dein Herz: so mutig sprich mit ihm wie mit dir selbst.

Du freilich lebe so, daß du nichts dir anvertraust, außer was du auch deinem Feinde anvertrauen könntest: aber weil manches sich ereignet, was das Herkommen zum Geheimnis gemacht hat, teile mit dem Freunde alle Sorgen, alle Gedanken. Treu machst du ihn, wenn du ihn dafür hältst: denn manche haben zu täuschen gelehrt, indem sie getäuscht zu werden fürchten, und haben jenem berechtigten Anlaß zur Verfehlung durch Argwohn geboten. Was ist es, weswegen ich irgendwelche Worte in Gegenwart meines Freundes zurückhalten sollte? Was ist es, weswegen ich in seiner Gegenwart nicht glauben soll, allein zu sein?

Manche erzählen, was nur Freunden anvertraut werden darf, Passanten auf der Straße und laden in beliebige Ohren, was sie bedrängt, ab: manche umgekehrt scheuen auch vor der Liebsten Mitwisserschaft zurück, und wenn sie können – nicht einmal sich selber zu vertrauen fähig –, drängen sie in ihr Inneres zurück jedes Geheimnis. Keines von beidem darf man tun: beides nämlich ist ein Fehler, sowohl allen zu glauben als auch keinem, aber das eine möchte ich einen anständigeren Fehler nennen, das andere einen sichereren.

So wirst du beide tadeln, die, welche stets ruhelos sind, *und* die, welche stets ruhig. Denn was da an Unruhe seine Freude hat, ist nicht energische Tätigkeit, sondern einer erregten Seele planlose Unrast, und das ist nicht Ruhe, was jede Bewegung für Belästigung hält, sondern Schwäche und Schlappheit.

Daher werde ich mir das, was ich bei Pomponius gelesen habe, zu Herzen nehmen: »Manche haben sich so tief in Verstecke geflüchtet, daß sie meinen, im Trüben sei, was im Lichte ist.« Miteinander verbinden muß man das: der Ruhende muß handeln, und der Handelnde ruhen. Mit der Natur berate dich: sie wird dir sagen, sie habe den Tag geschaffen *und* die Nacht. Leb wohl.

Michel de Montaigne

Von der Freundschaft

Indes ich einen Maler, den ich bei mir habe, bei der Verrichtung seines Werkes beobachtete, kam mich die Lust an, ihm darin zu folgen. Er wählte die beste Stelle in der Mitte jeder Wand, um darauf mit seinem ganzen Können ausgearbeitete Gemälde zu setzen; und die leeren Stellen rundum füllte er mit Grotesken, das sind phantastische Malereien, deren Anmut nur in ihrer Abwechslung und Wunderlichkeit liegt. Was ist dies hier in Wahrheit auch anderes als Grotesken und Zerrgebilde, aus verschiedenen Gliedern zusammengestückt, ohne bestimmte Gestalt, ohne andere als zufällige Ordnung, Folge und Verhältnis?

Desinit in piscem mulier formosa superne.[1]

Ich halte wohl in diesem zweiten Teil mit meinem Maler Schritt, aber im andern und bessern Teil bleibe ich stecken; denn mein Können geht so weit nicht, daß ich es wagen würde, ein reiches, ausgefeiltes und nach den Regeln der Kunst gebildetes Gemälde zu beginnen. Ich bin darauf verfallen, eines von Etienne de la Boëtie zu entleihen, das den ganzen Rest dieser Arbeit ehren wird. Es ist eine Schrift, der er den Titel gab: »Die freiwillige Knechtschaft«; aber jene, die ihn nicht kannten, haben sie seitdem sehr füglich in »Wider Einen« umgetauft. Er schrieb es als Versuchsstück in seiner frühesten Jugend zur Ehre der Freiheit wider die Tyrannen. Es geht seit geraumer Zeit unter den verständigen Männern von Hand zu

---

1 Oben ein schönes Weib, unten als Fischschwanz endend. (Horaz, Ars poetica, 4)

Hand, nicht ohne großen und verdienten Ruhm: denn es ist hochgesinnt und so gehaltvoll wie nur möglich.[2] Und doch ist es weit davon, daß es das Beste wäre, was er hätte schreiben können; und wenn er in dem fortgeschritteneren Alter, in dem ich ihn gekannt habe, einen ähnlichen Vorsatz gefaßt hätte wie den meinen, seine Einfälle zu Papier zu bringen, so hätten wir manche auserlesene Dinge zu Gesicht bekommen, die uns dem Ruhm des Altertums sehr nahe brächten; denn namentlich in diesem Stück der natürlichen Gaben kenne ich niemand, der ihm vergleichbar wäre. Aber es ist nichts von ihm geblieben als diese Abhandlung, auch sie durch Zufall, und ich glaube nicht, daß er sie je wieder angesehen hatte, seitdem sie ihm entschlüpft war; ferner einige Denkschriften über jenes Januaredikt[3], das durch unsere Bürgerkriege berühmt geworden ist und die vielleicht anderwärts ihren Platz finden werden. Das ist alles, was ich von seinem Nachlaß wiederfinden konnte, ich, den er in so liebevollem Gedenken, den Tod an der Kehle, durch sein Vermächtnis zum Erben seiner Bibliothek und seiner Papiere einsetzte; dazu das Büchlein seiner Werke, das ich veröffentlichen ließ. Und doch bin ich dieser Schrift besonderen Dank schuldig, da sie als Vermittlerin unserer ersten Verbindung diente. Denn sie wurde mir gezeigt, lange bevor ich ihn sah, und gab mir die erste Kunde seines Namens, so daß sie diese Freundschaft in die Wege leitete, die wir, solange es Gott gefiel, so restlos und innig zwischen uns gehalten haben, und daß sich kaum in der Überlieferung ähnliche finden und unter den heutigen Menschen sicherlich keine Spur davon anzutreffen ist. Es muß so vieles zusammentreffen, um dergleichen zu errichten, daß es viel ist, wenn das Schicksal es einmal in drei Jahrhunderten zustande bringt.

Zu nichts scheint uns die Natur so sehr bestimmt zu haben wie zur Geselligkeit. Und Aristoteles sagt, daß die guten Gesetzgeber mehr

2 Etienne de la Boëtie (1530–1563), als Parlamentsrat in Bordeaux Montaignes Kollege. Seine Schrift »De la servitude volontaire« wurde später von den Protestanten als Streitschrift unter dem Titel »Le Contr'un« veröffentlicht.
3 Das Januaredikt von 1562, das die protestantische Kirche als Sonderkonfession anerkannte.

Sorge für die Freundschaft als für die Gerechtigkeit trugen. In ihr aber findet die Geselligkeit den letzten Grad ihrer Vollendung. Denn insgemein sind alle Freundschaften, die Wollust oder Eigennutz, öffentliche oder häusliche Notwendigkeit errichten und erhalten, um so weniger schön und edel, und um so weniger Freundschaften, als sich andere Gründe, Zwecke und Gewinste als die Freundschaft selbst in sie mengen. Ebensowenig schicken sich die vier Gattungen des Altertums: natürliche, gesellige, gastfreundliche und geschlechtliche Verbindungen, weder einzeln noch zusammen genommen, zu ihr.

Zwischen Kindern und Vätern ist es vielmehr Ehrerbietung. Die Freundschaft nährt sich von einem vertrauten Umgang, der sich zwischen ihnen um der allzu großen Ungleichheit willen nicht finden kann und zuweilen sogar gegen die Vorschriften der Natur verstieße. Denn weder lassen sich alle geheimen Gedanken des Vaters dem Kinde mitteilen, woraus eine unziemliche Vertraulichkeit erwüchse, noch können die Ermahnungen und Verweisungen, die zu den ersten Pflichten der Freundschaft gehören, vom Kinde an den Vater gerichtet werden.

Es ist in Wahrheit ein schöner Name und voll Innigkeit: Bruder, und darum gründeten wir, er und ich, darauf auch unsern Bund. Doch diese Vermengung von Gütern, diese Erbschaftsteilungen, und daß der Reichtum des einen die Armut des andern bedeutet, all das läßt diese brüderliche Verbindung unsäglich erkalten und erschlaffen. Da die Brüder den Weg ihres Aufstiegs in den gleichen Geleisen und im gleichen Getriebe suchen müssen, ist es unvermeidlich, daß sie sich oftmals stoßen und in die Quere geraten müssen. Mehr noch: die gegenseitige Übereinstimmung und Mitteilung, aus der die wahre und vollkommene Freundschaft hervorgeht, warum sollte sie sich bei Brüdern finden? Der Vater und der Sohn können ganz verschiedener Gemütsart sein, und die Brüder ebenso. Er ist mein Sohn, er ist mein Verwandter, aber er ist ein unumgänglicher Mensch, ein Bösewicht oder ein Dummkopf. Und überdies, in dem Maße, in dem Gesetz und Schuldigkeit uns diese Freundschaften auferlegen, ist daran desto weniger freie Wahl und freier Wille beteiligt. Und unser freier Wille kann nichts so völlig seine eigene Schöpfung nennen, wie die Zuneigung und Freundschaft. Nicht etwa, daß ich nicht auch in diesem Betracht alles gekostet hätte, was sich darin finden kann, hatte ich doch den besten Vater, den es je gab, und den gütigsten bis in sein äußerstes Alter, und stamme aus einer Familie, die vom Vater auf den Sohn berühmt und beispielhaft in Stücken der brüderlichen Eintracht war.

et ipse
Notus in fratres animi paterni.[4]

Vergleicht man damit die Neigung zu Frauen, wiewohl auch sie aus unserer Wahl entspringt, so kann man sie doch nicht in dies Verzeichnis aufnehmen. Ihr Feuer, das bekenne ich,

neque enim est dea nescia nostri
Quae dulcem curis miscet amaritiem[5]*,*

ist heftiger, heißer und versengender. Doch es ist ein aufflackerndes und flüchtiges Feuer, unstet und veränderlich, eine Fieberhitze, die bald steigt, bald fällt, und die uns nur bei einem Zipfel hält. In der Freundschaft ist es eine allgemeine und alles erfüllende Wärme, milde überdies und gleichmäßig; eine beständige und ruhige, ganz Innigkeit und Zartheit, die nichts Brennendes oder Durchbohrendes hat. Mehr noch als dies, in der Liebe ist es nur ein ungestümes Verlangen nach dem, was uns flieht:

Come segue la lepre il cacciatore
Al freddo, al caldo, alla montagna, al lito;
Ne piu l'estima poi, che presa vede,
Et sol dietro a chi fugge affretta il piede.[6]

Sobald sie in ein Freundschaftsverhältnis eintritt, das heißt in eine Übereinstimmung zweier Willen, verraucht sie und erlahmt. Der Genuß zerstört sie, weil seine Absicht körperlich und der Sättigung unterworfen ist. Die Freundschaft hingegen wird in eben dem Maße genossen, in dem sie begehrt wird, und keimt, nährt sich und wächst nur mit ihrem Genuß, weil er geistig ist und die Seelen sich in ihrer

---

4 und ich selbst bekannt für die ererbte Bruderliebe. (Horaz, Oden, II, II, 6)
5 denn auch uns nicht unbekannt ist die Göttin, die süße Bitterkeit in ihren Kummer mischt. (Catull, Carm., LXVIII, 17)
6 So wie der Jäger den Hasen, den er verfolgt, in Kälte, in Hitze, in Berg und im Tal: sieht er ihn erjagt, so achtet er seiner nicht länger, nur hinter dem Fliehenden jagt er einher. (Ariost, Orlando furioso, X, 7)

Ausübung verfeinern. Unter dieser vollkommenen Freundschaft haben auch jene flatterhaften Neigungen ehedem bei mir Platz gefunden, nicht von meinem Freunde zu reden, der in seinen Gedichten nur zuviel davon beichtet. So sind diese beiden Leidenschaften jede in Kenntnis der andern bei mir eingetreten, aber nie auf gleichem Fuße: die erste blieb immer in ihrem hohen und stolzen Fluge und sah mit Geringschätzung die andere auch in ihren höchsten Schwüngen tief unter ihr flattern.

Was die Ehe anlangt, außer dem, daß dies ein Handel ist, der nur bis zum Eingehen frei ist (denn seine Dauer ist auferlegt und erzwungen und hängt übrigens von anderen Rücksichten als von unserem Willen ab), und ein Handel, der gemeinhin zu andern Absichten geschlossen wird, so finden sich darin noch tausenderlei äußere Verwicklungen zu entknäueln, genug, um den Faden einer herzlichen Zuneigung abreißen und ihren Gang sich verwirren zu lassen, während es in der Freundschaft kein Geschäft noch Anliegen gibt als sie selbst. Hinzugenommen noch, daß, um die Wahrheit zu sagen, die geistigen Gaben der Frauen gemeinhin nicht zu jenem Gedankenaustausch und Umgang hinreichen, aus dem diese heilige Verbindung erwächst; noch scheint ihre Seele stark genug, um die Spannung eines so fest geknüpften und so dauerhaften Bandes zu ertragen. Und freilich, wäre dies nicht, und wäre es möglich, eine solche freie und zwanglose Gemeinschaft zu schließen, in der nicht nur die Seelen diesen völligen Genuß fänden, sondern auch die Körper ihren Teil an der Vereinigung hätten, und welcher der ganze Mensch sich hingeben würde: es ist gewiß, daß diese Freundschaft vollkommener und erfüllter wäre. Aber dieses Geschlecht hat noch durch kein Beispiel bis dahin zu gelangen vermocht und ist vom einstimmigen Urteil der Schulen des Altertums davon ausgeschlossen.

Im übrigen ist das, was wir gemeinhin Freunde und Freundschaften nennen, nichts weiter als Bekanntschaften und Vertraulichkeiten, die durch irgendwelche Anlässe und Bequemlichkeiten angeknüpft sind, mittels deren unsere Seelen sich miteinander unterhalten. In der Freundschaft, von der ich spreche, mischen und vereinigen sie sich beide in dermaßen völliger Verschmelzung, daß sie ineinander aufgehen und die Naht, die sie verbindet, nicht mehr finden. Wenn man in mich dringt, zu sagen, warum ich ihn liebte, so fühle ich, daß sich dies nicht aussprechen läßt, ich antworte denn: Weil er er war; weil ich ich war.

Es gibt jenseits all meiner Gründe und all dessen, was ich Besonderes davon sagen kann, ich weiß nicht welche unbegreifliche und unabwendbare Macht, die diesen Bund vermittelte. Wir suchten uns, noch ehe wir uns gesehen hatten, und durch die Erzählungen, die wir voneinander vernahmen und die auf unsere Zuneigung eine stärkere Wirkung übten, als sie von bloßen Berichten begründetermaßen auszugehen pflegt, ich glaube durch eine Fügung des Himmels: wir umarmten uns schon in unsern Namen. Und bei unserer ersten Begegnung, die zufällig an einer großen städtischen Feier und Geselligkeit stattfand, fühlten wir uns so zueinander hingezogen, so miteinander bekannt und verbunden, daß uns von Stund an nichts so nahe war wie wir einer dem andern. Er schrieb eine vortreffliche lateinische Satire, die veröffentlicht ist und darin er das Ungestüm unseres Einvernehmens entschuldigt und erklärt, das so ungesäumt zu seiner Vollkommenheit gelangte. Da es nur so kurz von Dauer sein sollte und so spät begonnen hatte, denn wir waren beide schon im Mannesalter und er mir um einige Jahre voraus, so durfte es keine Zeit verlieren und sich nicht nach dem Vorbild der lauen und landläufigen Freundschaften richten, zu denen es so vieler Behutsamkeit langer vorgängiger Bekanntschaft bedarf. Diese hier hat kein anderes Urbild als in sich selbst und kann nur an sich selbst gemessen werden. Da ist nicht ein besonderer Beweggrund, auch nicht zwei, noch drei, noch vier, noch tausend; es ist ich weiß nicht welche Quintessenz aus alledem, die meinen ganzen Willen ergriffen und mitgerissen hat, sich in dem seinen zu versenken und zu verlieren, die seinen ganzen Willen ergriffen und mitgerissen hat, sich in dem meinen zu versenken und zu verlieren, mit einerlei Begierde und Wetteifer. In Wahrheit, ich sage: verlieren, denn wir enthielten uns nichts vor, das uns gesondert geblieben, oder das entweder sein oder mein gewesen wäre.

Setze man mir nicht jene andern alltäglichen Freundschaften auf dieselbe Stufe: ich habe davon, und der vollkommensten dieser Art, ebensoviel Kenntnis wie ein anderer, allein ich rate nicht dazu, ihre Gesetze zu vermengen: man würde irregehen. In diesen andern Freundschaften muß man mit dem Zügel in der Hand, mit Bedäch-

tigkeit und Vorsicht verfahren; das Band ist nicht derart fest ge-
knüpft, daß es keinerlei Mißtrauens bedürfte. Liebe ihn, sagte Chi-
lon, wie einen, den du eines Tages hassen könntest; hasse ihn wie
einen, den du einst lieben könntest. Dieser Rat, so abscheulich er
gegenüber dieser königlichen und erhabenen Freundschaft ist,
bleibt in der Regel der gemeinen und gebräuchlichen Freundschaft
heilsam, auf die das Wort Anwendung finden muß, das Aristoteles
so gern zu sagen pflegte: O meine Freunde, es gibt keine Freunde. In
diesem erlesenen Umgang verdienen die Dienste und Wohltaten,
welche die andern Freundschaften erhalten, nicht einmal Erwäh-
nung: Grund dessen ist dieses vollkommene Ineinanderfließen unserer Wünsche. Denn ebenso, wie die Freundschaft, die ich zu mir
hege, nicht durch den Beistand vermehrt wird, den ich mir in der
Not bringe, was auch die Stoiker darüber sagen mögen; und wie ich
mir keinen Dank für den Dienst weiß, den ich mir leiste: ebenso läßt
die Verbindung solcher Freunde, wenn sie wirklich vollkommen ist,
sie das Bewußtsein solcher Pflichten verlieren und zwischen ihnen
diese Worte der Trennung und Unterscheidung verabscheuen und
verscheuchen, die heißen: Wohltat, Schuldigkeit, Erkenntlichkeit,
Bitte, Dank und dergleichen. Da in der Tat zwischen ihnen alles
gemeinsam ist, Wille, Gedanken, Urteile, Güter, Frauen, Kinder,
Ehre und Leben: und ihre Einheit, nach der sehr guten Definition
des Aristoteles, die einer einzigen Seele in zwei Körpern ist, können
sie einander weder leihen noch geben.
In Verbindungen, die nur auf einen Zweck zielen, hat man sich nur
gegen solche Unvollkommenheiten vorzusehen, die sonderlich diesen Zweck betreffen. Es braucht mich nicht zu kümmern, welcher
Religion mein Arzt oder mein Anwalt ist. Diese Erwägung hat mit
den Freundschaftsdiensten, die sie mir schulden, nichts zu schaffen.
Und mit der häuslichen Gemeinschaft, die meine Bedienten mit mir
eingehen, halte ich es ebenso. Und erkundige mich wenig danach,
wenn ich einen Lakaien nehme, ob er keusch sei; ich frage, ob er
flink ist. Und fürchte nicht so sehr, einen Spieler, als einen Tölpel als
Stallknecht zu haben, und nicht so sehr einen Koch, der flucht, als
einen Stümper. Ich befasse mich nicht damit, zu sagen, was man in
der Welt tun soll, es befassen sich andere genug damit, sondern was
ich darin tue.

Mihi sic usus est: tibi, ut opus est facto, face.[7]

Zur Tafelrunde lade ich lieber den Witzigen, nicht den Bedächtigen; zu Bett lieber die Schönheit als die Güte; zum geselligen Gespräch lieber die Schlagfertigkeit, sogar ohne Biedersinn. Desgleichen auch sonst.

Gerade so, wie jener, der rittlings auf einem Stecken mit seinen Kindern spielend angetroffen wurde, den Mann bat, der ihn dabei ertappte, er möge nichts darüber sagen, bis daß er selber Vater sei; im Gedanken, daß die Zärtlichkeit, die alsdann in seiner Seele erwachen würde, ihn zum gerechten Richter über ein solches Tun werden ließe: so wünschte ich, zu Menschen zu reden, die das erfahren hätten, wovon ich spreche. Allein, da ich weiß, wie fern vom gewöhnlichen Weltlauf eine solche Freundschaft abliegt und wie selten sie ist, erwarte ich darüber keinen guten Richter. Denn sogar die Meinungen, die das Altertum uns über diesen Gegenstand hinterlassen hat, kommen mir seicht vor, gemessen an dem Gefühl, das ich davon habe. Und in diesem Punkt übertreffen die Tatsachen sogar die Lehren der Philosophie:

Nil ego contulerim iucundo sanus amico.[8]

Der alte Menander pries den glücklich, der nur den Schatten von einem Freunde gefunden habe. Er hatte gewiß recht, dies zu sagen, besonders wenn er davon gekostet hatte. Denn in Wahrheit, wenn ich mein restliches Leben, obwohl ich es durch die Gnade Gottes angenehm, behaglich und, außer dem Verlust eines solchen Freundes, frei von schwerem Kummer, voll Ruhe des Gemüts verbracht habe, indem ich meine natürlichen und ursprünglichen Gaben in Kauf nahm, ohne andere zu suchen; wenn ich dieses ganze Leben, sage ich, mit den vier Jahren vergleiche, in denen es mir gegeben ward, die innige Vertrautheit und Gesellschaft dieses Mannes zu genießen: so ist es nur Rauch und nichts als dunkle und freudlose Nacht. Seit dem Tage, an dem ich ihn verlor,

---

7 So halte ich es; du tue, wie es dir gut scheint. (Terenz, Heautontimoroumenos, I, I, 28)
8 Nichts stelle ich, wenn ich gesunden Sinnes bin, einem zärtlichen Freund gleich. (Horaz, Satiren, I, V, 28)

> *quem semper acerbum,*
> *Semper honoratum (sic, Dii, voluistis) habebo*[9],

schleppe ich mich nun kläglich dahin; und die Freuden sogar, die sich mir bieten, statt mich zu trösten, verdoppeln den Schmerz über seinen Verlust. Wir teilten alles miteinander; nun scheint mir, ich raube ihm seinen Teil. Ich war schon so daran gewohnt, überall selbander zu sein, daß mich dünkt, ich sei nur noch zur Hälfte.

> *Illam meae si partem animae tulit*
> *Maturior vis, quid moror altera*
> *Nec charus aeque, nec superstes*
> *Integer? Ille dies utramque*
> *Duxit ruinam.*[10]

Es gibt keine Handlung und keine Vorstellung, bei der er mir nicht mangelt, so wie ich ihm gemangelt hätte. Denn ebenso, wie er mich in jeder andern Geisteskraft und Tugend unendlich weit übertraf, so tat er es auch in der Übung der Freundschaft.

9 dessen ich immer in Trauer und immer in Ehrfurcht (so, Götter, wolltet ihr es) gedenken werde. (Virgil, Aeneis, V, 49)
10 Da diesen Teil meiner Seele zu früh mir das Leben entriß, was säume ich anderer Teile noch, der ich mir weder gleich lieb bin, noch unversehrt überlebe? Jener gleiche Tag war unser beider Verderben. (Horaz, Oden, II, XVII, 5)

Francis Bacon

Über die Freundschaft

Der hauptsächliche Segen der Freundschaft ist die Erquickung, sein Herz von Bangigkeit und Kummer entladen zu können, die durch Leidenschaften aller Art verursacht werden. Bekanntlich sind Verstopfungen und Stauungen höchst gefährlich für den menschlichen Körper; nicht viel anders ist es mit dem Geiste. Man kann wohl Sassaparille gegen die Verstopfung der Leber, Stahl gegen die der Milz, Schwefelblüte für die Lungen, Bibergeil für das Gehirn einnehmen; aber keine Arznei erschließt das Herz so sehr wie ein treuer Freund, dem man seine Leiden und Freuden, Ängste und Hoffnungen, seine Sorgen und Geheimnisse und alles, was sonst noch das Herz bedrückt, gleichsam wie in einer Art von weltlicher Beichte bekennen kann.

Es ist verwunderlich, einen wie hohen Wert große Könige und Staatshäupter auf diesen eben besprochenen Segen der Freundschaft legen, einen derartigen Wert, daß sie Freundschaft oftmals mit Gefahr ihrer eigenen Sicherheit und Stellung erkaufen. Denn Fürsten können in Anbetracht des Abstandes ihrer Stellung von derjenigen ihrer Untertanen und Diener die Frucht der Freundschaft nicht pflücken, wenn sie nicht, um sie genießen zu können, einige Personen gleichsam zu Genossen und fast zu ihresgleichen emporheben, was freilich oft Nachteile mit sich bringt. Im heutigen Sprachgebrauch heißen solche Leute Günstlinge oder Vertraute, als ob es eine Sache der Gunst oder des Umganges wäre. Die lateinische Bezeichnung jedoch drückt weit besser aus, worum es sich wirklich handelt und warum sie so heißen, nämlich »participes curarum«, denn das trifft den eigentlichen Kern der Sache. Es ist auch wohlbekannt, daß nicht allein schwache und leidenschaftliche, sondern auch die klügsten und allergeschicktesten Fürsten, die je regierten, Freundschaften gepflegt haben. Oft zogen sie einige ihrer Diener zu sich heran, die sowohl sie selber Freunde nannten wie auch von andern so nennen ließen, und zwar in demselben Sinn und Gebrauch wie unter Privatleuten.

Als Sulla über Rom herrschte, erhob er den Pompeius, den man später den Großen nannte, zu solcher Höhe, daß dieser sich sogar rühmte, dem Sulla überlegen zu sein. Denn als er das Konsulat für einen seiner Freunde, den Bemühungen Sullas zum Trotz, erwirkt hatte, worüber Sulla sich etwas ärgerte und in Vorwürfe ausbrach, kehrte Pompeius sich nochmals wider ihn und hieß ihn geradezu mit dürren Worten schweigen; denn es gäbe mehr Anbeter der aufgehenden als der untergehenden Sonne. Julius Caesar hatte den Decimus Brutus so ins Herz geschlossen, daß er ihn in seinem Testament nächst seinem Neffen zum Erben einsetzte. Dabei war dies der Mann, der durch ihn so mächtig geworden war, daß er seinen Tod herbeiführte. Als Caesar nämlich infolge schlimmer Vorzeichen, besonders aber wegen eines Traumes der Calpurnia, die Senatssitzung absagen wollte, da zog ihn dieser Mann sanft beim Arme aus seinem Sessel, sagte zu ihm, er hoffe, er werde den Senat nicht eher entlassen, als bis seine Gattin einen besseren Traum gehabt hätte. Anscheinend stand er in derartig hoher Gunst, daß Antonius ihn in seinem Briefe, welcher in einer der Philippiken Ciceros wörtlich wiedergegeben ist, »venefica« – »Zauberin« nennt, als hätte er Caesar behext. Augustus hob den Agrippa, einen Mann von niederer Geburt, zu solcher Macht empor, daß, als er den Maecenas wegen der Vermählung seiner Tochter Julia zu Rate zog, dieser ihm rundheraus sagte, daß er seine Tochter entweder dem Agrippa vermählen oder ihm das Leben nehmen müsse; einen andern Weg gäbe es nicht, denn er habe ihn so mächtig gemacht. Unter dem Kaiser Tiberius stieg Seian zu solcher Höhe auf, daß die beiden ein Freundespaar genannt und als solches angesehen wurden. Tiberius sagt in einem Briefe an ihn: »Haec pro amicitia nostra non occultavi«, und der ganze Senat weihte, wie einer Göttin, der Freundschaft einen Altar zu Ehren der zärtlichen Bande zwischen den beiden.

Gleich groß oder fast noch größer war die Freundschaft zwischen Septimius Severus und Plautianus, denn der erstere zwang seinen

Sohn, des Plautianus Tochter zu heiraten, und pflegte Plautianus oft zu verteidigen, wenn er seinen Sohn mit Schimpfreden überhäufte. Auch schrieb er in einem Brief an den Senat die folgenden Worte: »Ich liebe diesen Mann so sehr, daß ich wünsche, er überlebte mich.« Wären nun diese Fürsten einem Traian oder Marc Aurel ähnlich gewesen, so könnte man diese Freundschaften der außerordentlichen Güte ihres Herzens zuschreiben. Da sie aber alle Männer von überragender Klugheit, von großer Geisteskraft und über die Maßen selbstsüchtig waren, so beweist das klar und deutlich, daß ihre eigene Glückseligkeit, wie sie größer einem Sterblichen nie zuteil ward, ihnen doch nur Stückwerk dünkte, wenn der Besitz eines Freundes sie nicht vervollkommnete. Was aber noch mehr heißen will, sie waren Fürsten, die Frauen, Kinder und Enkel besaßen, was ihnen aber alles nicht den Trost der Freundschaft ersetzen konnte.

Arthur Schopenhauer

Freunde in der Not

Wie Papiergeld statt des Silbers, so kursieren in der Welt, statt der wahren Achtung und der wahren Freundschaft, die äußerlichen Demonstrationen und möglichst natürlich mimisierten Gebärden derselben. Indessen läßt sich andererseits auch fragen, ob es denn Leute gebe, welche jene wirklich verdienten. Jedenfalls gebe ich mehr auf das Schwanzwedeln eines ehrlichen Hundes, als auf hundert solche Demonstrationen und Gebärden.

Wahre, echte Freundschaft setzt eine starke, rein objektive und völlig uninteressierte Teilnahme am Wohl und Wehe des andern voraus, und diese wieder ein wirkliches Sich mit dem Freunde identifizieren. Dem steht der Egoismus der menschlichen Natur so sehr entgegen, daß wahre Freundschaft zu den Dingen gehört, von denen man, wie von den kolossalen Seeschlangen, nicht weiß, ob sie fabelhaft sind oder irgendwo existieren. Indessen gibt es mancherlei, in der Hauptsache freilich auf versteckten egoistischen Motiven der mannigfaltigsten Art beruhende Verbindungen zwischen Menschen, welche dennoch mit einem Gran jener wahren und echten Freundschaft versetzt sind, wodurch sie so veredelt werden, daß sie, in dieser Welt der Unvollkommenheiten, mit einigem Fug den Namen der Freundschaft führen dürfen. Sie stehn hoch über den alltäglichen Liaisons, welche vielmehr so sind, daß wir mit den meisten unserer guten Bekannten kein Wort mehr reden würden, wenn wir hörten, wie sie in unserer Abwesenheit von uns reden.

Die Echtheit eines Freundes zu erproben, hat man, nächst den Fällen wo man ernstlicher Hilfe und bedeutender Opfer bedarf, die beste Gelegenheit in dem Augenblick, da man ihm ein Unglück, davon man soeben getroffen worden, berichtet. Alsdann nämlich malt sich, in seinen Zügen, entweder wahre, innige, unvermischte Betrübnis; oder aber sie bestätigen, durch ihre gefaßte Ruhe, oder einen flüchtigen Nebenzug, den bekannten Ausspruch des Rochefoucauld: *dans l'adversité de nos meilleurs amis, nous trouvons toujours quelque chose qui ne nous déplait pas.* Die gewöhnlichen sogenannten Freunde vermögen, bei solchen Gelegenheiten, oft kaum das Zucken zu einem leisen, wohlgefälligen Lächeln zu unterdrücken. – Es gibt wenig Dinge, welche so sicher die Leute in gute Laune versetzen, wie wenn man ihnen ein beträchtliches Unglück, davon man kürzlich getroffen worden, erzählt, oder auch irgendeine persönliche Schwäche ihnen unverhohlen offenbart. – Charakteristisch!

Entfernung und lange Abwesenheit tun jeder Freundschaft Eintrag; so ungern man es gesteht. Denn Menschen, die wir nicht sehn, wären sie auch unsere geliebtesten Freunde, trocknen, im Laufe der Jahre, allmählich zu abstrakten Begriffen aus, wodurch unsere Teilnahme an ihnen mehr und mehr eine bloß vernünftige, ja traditionelle wird: die lebhafte und tiefgefühlte bleibt denen vorbehalten, die wir vor Augen haben, und wären es auch nur geliebte Tiere. So sinnlich ist die menschliche Natur. Also bewährt sich auch hier Goethes Ausspruch:

»*Die Gegenwart ist eine mächt'ge Göttin.*«
(Tasso, Aufzug 4, Auftr. 4)

Die *Hausfreunde* heißen meistens mit Recht so, indem sie mehr die Freunde des Hauses als des Herrn, also den Katzen ähnlicher als den Hunden sind.

Die Freunde nennen sich aufrichtig; die Feinde sind es: daher man ihren Tadel zur Selbsterkenntnis benutzen sollte, als eine bittere Arznei. –

Freunde in der Not wären selten? – Im Gegenteil! Kaum hat man mit einem Freundschaft gemacht; so ist er auch schon in der Not und will Geld geliehen haben. –

Adolph Freiherr von Knigge

Über den Umgang unter Freunden

1.

Da bei dem Betragen gegen unsre Freunde alles auf die Wahl derselben ankommt, so muß ich zuerst einige Bemerkungen über diesen Gegenstand vorausschicken. Keine freundschaftlichen Verbindungen pflegen dauerhafter zu sein als die, welche in der frühern Jugend geschlossen werden. Man ist da noch weniger mißtrauisch, weniger schwierig in Kleinigkeiten; das Herz ist offner, geneigter sich mitzuteilen, sich anzuschließen; die Charaktere fügen sich leichter zusammen; man gibt von beiden Seiten nach und setzt sich in gleiche Stimmung; man erfährt miteinander so manches, erinnert sich der sorglosen, gemeinschaftlich vollbrachten glücklichen Jugendjahre und rückt mit gleichen Schritten in Kultur und Erfahrung fort. Dazu kommen dann Gewohnheit und Bedürfnis; wird einer aus dem vertrauten Zirkel durch die Hand des Todes dahingerissen, so kettet das die übrigbleibenden Gefährten um desto fester aneinander. – Ganz anders sieht es aus in reifern Jahren. Von Menschen und Schicksalen vielfältig getäuscht, werden wir verschloßner, trauen nicht so leicht; das Herz steht unter der Vormundschaft der Vernunft, die genauer abwägt und sich selbst Rat zu schaffen sucht, bevor sie sich andern anvertraut. Man fordert mehr, ist ekler in der Wahl, nicht mehr so lüstern nach neuen Bekanntschaften, wird nicht so lebhaft betroffen von glänzenden Außenseiten; man hat echte Begriffe von Vollkommenheit, von dauerhaften Bündnissen, vom Nutzen und Schaden einer gänzlichen Hingebung; der Charakter ist fester; die Grundsätze sind auf Systeme zurückgeführt, in welche die Gesinnungen und Theorien eines uns fremden Menschen selten passen; folglich wird es schwerer, eine dauerhafte Harmonie zustande zu bringen, und endlich sind wir in so manche Geschäfte und Verbindungen verflochten, daß wir kaum Muße und wenigstens selten Drang haben, neue zu schließen. Also vernachlässige man seine Jugendfreunde nicht; und wenn auch Schicksale, Reisen und andre Umstände uns in der Welt umhergetrieben und von unsern Gespielen getrennt haben, so suche man doch jene alten Bande wieder anzuknüpfen, und man wird selten übel dabei fahren.

2.

Es ist ein ziemlich allgemein angenommener Grundsatz, daß zu vollkommner Freundschaft Gleichheit des Standes und der Jahre erfordert werde. Die Liebe, sagt man, sei blind; sie feßle durch unerklärbaren Instinkt Herzen aneinander, die dem kalten Beobachter gar nicht füreinander geschaffen zu sein schienen, und da sie nur durch Gefühle, nicht durch Vernunft geleitet werde, so fallen bei ihr alle Rücksichten des Abstandes, den äußere Umstände erzeugen, weg. Die Freundschaft hingegen beruhe auf Harmonie in Grundsätzen und Neigungen; nun aber habe jedes Alter sowie jeder Stand seine ihm eigene Stimmung, nach der Verschiedenheit der Erziehung und Erfahrungen, und desfalls finde unter Personen von ungleichen Jahren und ungleichen bürgerlichen Verhältnissen keine so vollkommne Harmonie statt, als zu Knüpfung des Freundschaftsbandes erfordert werde.

Diese Bemerkungen enthalten viel Wahres, doch habe ich schon zärtliche und dauerhafte Freundschaften unter Leuten wahrgenommen, die weder dem Alter noch dem Stande nach sich ähnlich waren, und wenn man sich an dasjenige erinnert, was ich zu Anfange des ersten Kapitels in diesem Teile gesagt habe, so wird man dies leicht erklären können. Es gibt junge Greise und alte Jünglinge; feine Erziehung, Mäßigkeit in Wünschen, Freiheit in Denkungsart und Unabhängigkeit der Lage erheben den Bettler zu einem Mann von hohem Stande, so wie verachtungswürdige Sitten, unedle Begierden und niedrige Gesinnungen selbst einen Fürsten zu dem Pöbel herabwürdigen können. Das ist aber zuverlässig gewiß, daß zu einer dauerhaften, innigen Freundschaft Gleichheit in Grundsätzen und Empfindungen erfordert wird, und daß dieselbe auch bei einer zu großen Verschiedenheit in Fähigkeiten und Kenntnissen nicht leicht Platz finden kann. Fällt nicht eine der höchsten Glückseligkeiten bei solcher Verbindung, die Austauschung von Ideen und Meinungen, die Mitteilung verschwisterter Gefühle, die Berichtigung dunkler Ahnungen und Zurechtweisung in wichtigen Fällen alsdann weg, wenn unser Freund sich durchaus nicht in unsre Lage hineindenken kann, wenn ihm unsre Empfindungen gänzlich fremd sind? Es gibt Leute, die man nur bewundern darf, an welchen man immer hinaufschauen muß, und diese Menschen verehrt man, aber – man liebt sie nicht, oder man verzweifelt wenigstens daran, von ihnen wiedergeliebt zu werden. In der Freundschaft müssen beide Teile gleich viel geben und empfangen können. Jedes zu große Übergewicht von einer Seite, alles, was die Gleichung hebt, stört die Freundschaft.

3.

Warum haben sehr vornehme und sehr reiche Leute so wenig wahren Sinn für Freundschaft? Sie fühlen weniger Seelenbedürfnis. Ihre Leidenschaften zu befriedigen, rauschenden, betäubenden Freuden nachzurennen, immer zu genießen, geschmeichelt, gelobt, geehrt zu werden, darum ist es ihnen allen mehr oder weniger zu tun. Von Personen ihresgleichen werden sie durch Eifersucht, Neid und andre Leidenschaften getrennt; die noch Größeren suchen sie nur auf, wenn sie ihrer zur Begünstigung eigennütziger oder ehrgeiziger Absichten bedürfen; die Geringern und Ärmern aber halten sie in einer so großen Entfernung von sich, daß sie von ihnen weder die Wahrheit annehmen, noch den Gedanken ertragen können, sich mit ihnen gleichzustellen. Auch bei den Besten unter ihnen erwacht früh oder spät die Vorstellung, daß sie von besserem Stoffe seien, und das tötet dann die Freundschaft.

4.

Allein selbst unter den Menschen, die Dir an Stand, Vermögen, Alter und Fähigkeiten gleich sind, rechne nur auf die dauerhafte Freundschaft derer, die nicht von unedlen, heftigen oder törichten Leidenschaften beherrscht, noch wie ein Wetterhahn von Launen und Grillen hin und her getrieben werden. Wer rastlos rauschenden Freuden und Zerstreuungen sich ergibt; wer wilden Begierden, der

Wollust, dem Trunke, dem vermaledeieten Spiele alles aufopfert; wessen Abgott falsche Ehre, Gold oder sein eigenes Ich ist; wer, wankelmütig in Grundsätzen und Meinungen, einen Charakter hat, der sich wie Wachs von jedem in jede Form drücken läßt, der mag vielleicht ein guter Gesellschafter, aber nie wird er ein beständiger, treuer Freund sein. Sobald es auf Verleugnung, Aufopferung, auf Beharrlichkeit und Festigkeit ankommt, wird ein solcher Dich im Stiche lassen; Du wirst allein dastehn und Dich hintergangen glauben, da doch Du allein Dich betrogen, indem Du unvorsichtig gewählt hast. Überhaupt ist es in dieser Welt so oft der Fall, daß unsre Phantasie uns die Menschen malt, wie wir gern möchten, daß sie aussehn sollten, und es nachher sehr übelnimmt, wenn sie gewahr wird, daß die Natur nicht das Original dem Gemälde gleich geschaffen hat.

5.

Man pflegt zu sagen: das sicherste Mittel, Freunde zu haben, sei – keiner Freunde zu *bedürfen*; aber jeder Mensch von Gefühl *bedarf* Freunde – und sollte es denn wirklich so schwer sein, in dieser Welt treue Freunde zu finden? Ich meine, nicht halb so schwer, als man gewöhnlich glaubt. Unsre empfindsamen jungen Herrn schaffen sich nur zu überspannte Begriffe von der Freundschaft. Freilich, wenn wir gänzliche Hingebung, unbedingte Aufopfrung, Verleugnung alles eigenen Interesses in höchst kritischen Augenblicken, blinde Ergreifung unsrer Partei gegen eigene bessere Überzeugung, sogar Bewundrung unsrer Fehler, Billigung unsrer Torheiten, Mitwirkung bei unsern leidenschaftlichen Verirrungen – mit einem Worte, wenn wir mehr von unsern Freunden fordern, als Billigkeit und Gerechtigkeit von Menschen verlangen darf, die Fleisch und Bein sind und freien Willen haben, so werden wir nicht leicht unter tausend Wesen eines finden, daß sich so gänzlich in unsre Arme würfe. Suchen wir aber verständige Menschen, deren Hauptgrundsätze und Gefühle mit den unsrigen übereinstimmen, kleine unmerkliche Verschiedenheiten abgerechnet; Menschen, die Freude finden an dem, was uns freut; die uns lieben, ohne von uns bezaubert, das Gute in uns schätzen, ohne blind gegen unsre Schwächen zu sein; die uns im Unglücke nicht verlassen, uns in guten und redlichen Dingen treu und standhaft beistehen, uns trösten, aufrichten, tragen helfen, uns, wo es höchst nötig ist und wir dessen wert sind, alles aufopfern, was man ohne Verletzung seiner Ehre und der Gerechtigkeit gegen sich selbst und die Seinigen aufopfern darf, uns die Wahrheit nicht verhehlen, uns aufmerksam auf unsre Mängel machen, ohne uns vorsätzlich zu beleidigen, uns allen andern Menschen vorziehen, insofern es ohne Unbilligkeit geschehen kann – – suchen wir ernstlich solche, nun, so finden wir deren gewiß – viele? nein! das sage ich nicht, aber doch wohl ein paar für jeden Biedermann – und was braucht man mehr in dieser Welt?

6.

Hast Du nun einen solchen treuen Freund gefunden, so bewahre ihn auch! Halte ihn in Ehren, auch dann, wenn das Glück Dich plötzlich über ihn erhebt, auch da, wo Dein Freund nicht glänzt, wo Deine Verbindung mit ihm durch die Stimme des Volks nicht gerechtfertigt zu werden scheint. Schäme Dich nie Deines ärmern, weniger hochgeschätzten Freundes. Beneide nicht den Dir vorgezogenen Freund. Hänge fest an ihm, ohne ihm lästig zu werden. Fordre nicht mehr von ihm, als Du selbst leisten würdest, ja, fordre nicht einmal so viel, wenn Dein Freund nicht in allen Stücken mit Dir einerlei lebhaftes Temperament, einerlei Fähigkeiten, einerlei Grad von Empfindnis hat. Ergreife warm und eifrig die Partei Deines Freundes, aber nicht auf Unkosten der Gerechtigkeit und Redlichkeit. Du sollst nicht seinetwegen blind gegen die Tugenden andrer sein, noch, wenn Du die Macht in Händen hast, eines würdigen, geschickten Mannes Glück zu bauen, diesen dem weniger fähigen Freund nachsetzen. Du sollst nicht seine Übereilungen verteidigen, seine Leidenschaften als Tugenden erheben, in kleinen Zwistigkeiten mit andern Menschen, wenn er unrecht hat, vorsätzlicherweise die Partei des Beleidigers verstärken; nicht Dich mit in sein Verderben stürzen, wenn ihm dadurch nicht geholfen wird, noch vielleicht gar durch unkluge Verteidigung seine Feinde mehr erbittern und Dich und die Deinigen in das Verderben stürzen. Aber retten sollst Du seinen Ruf, wenn er unschuldig verleumdet wird, auch dann, wenn jedermann ihn verläßt und verkennt, sobald Du hoffen darfst, daß dies ihm irgend Vorteil bringen kann. Öffentlich ehren sollst

Du den Edeln und Dich nie Deiner Verbindung mit ihm schämen, wenn Schicksale oder böse Menschen ihn unverdient zu Boden gedrückt haben. Nicht mitlächeln sollst Du, wenn lose Buben hinter seinem Rücken her ihn höhnen. Mit Vorsicht und Klugheit sollst Du ihm Nachricht geben von Gefahren, die ihm und seiner bürgerlichen Ehre drohen; aber nur insofern dies dazu dienen kann, dem Übel auszuweichen oder Unvorsichtigkeiten wiedergutzumachen, nicht aber, wenn er dadurch bloß eine unruhige Stunde gewinnt.

7.

Freunde, die uns in der Not nicht verlassen, sind äußerst selten. – Sei Du einer dieser seltenen Freunde! Hilf, rette, wenn Du es vermagst, opfre Dich auf – nur vergiß nicht, was Klugheit und Gerechtigkeit gegen Dich und andre von Dir fordern. Aber tobe nicht, klage nicht, wenn andre nicht ein Gleiches für Dich tun. Nicht immer herrscht böser Willen bei ihnen. Ich habe vorhin gesagt, daß schwache und durch Leidenschaft beherrschte Menschen unsichre Freunde sind; doch wie wenige gibt es, die ganz fest und unerschütterlich in ihrem Charakter, ganz frei von kleinen Leidenschaften und Nebenabsichten wären, die nicht bei ihrer Anhänglichkeit an Dich mit Rücksicht nähmen auf Deinen äußern Ruf, auf Deine Verhältnisse, darauf, daß sie, wo nicht durch Dich geehrt werden, doch wenigstens nicht Schande vor der Welt wegen ihrer Zuneigung zu Dir auf sich laden wollen.

Wenn diese nun, sobald ein Ungewitter sich über deinem Haupte zusammenzieht, einen kleinen Schritt zurücktreten oder wenigstens ihre Liebe und Verehrung in eine Art von Protektion und Ratgeberrolle verwandeln – nun, so sei billig! Schiebe die Schuld auf das ängstliche Temperament der mehrsten Leute, auf ihre Abhängigkeit von äußern Umständen, auf die Notwendigkeit, heutzutage durch Gunst sein Glück zu machen, um bei den wahrhaftig teuren Zeiten fortzukommen. Wie wenig Menschen würden übrigbleiben, mit denen Du Hand in Hand auf dieser Erde durch dick und dünn wandeln könntest, wenn Du es so genau nehmen wolltest. Zuweilen ist auch der Fall da, daß wirklich unsre Freunde (wenn wir uns durch kleine oder große Unvorsichtigkeiten unser Schicksal selbst zugezogen haben) sich die Rechtfertigung schuldig sind, öffentlich zu zeigen, daß sie nicht in unsre Torheiten verwickelt gewesen. Oft werden sie durch unsre widrige Lage grade so gestimmt, als sie immer hätten gestimmt sein sollen, das heißt: sie hören auf, uns so zu schmeicheln, wie sie es vorher aus Furcht, uns zu verlieren, taten, solange wir von jedermann aufgesucht wurden und unsre Freunde wählen konnten. Ich habe in einigen blendenden Situationen meines Lebens einen Haufen von Leuten sich mir aufdrängen gesehn, die mir ohne Unterlaß Weihrauch streuten, jeden meiner witzigen Einfälle mit lauter Bewunderung auffingen, schmeichelhafte Verse auf mich machten, meine Worte als Orakelsprüche ausschrien und meinen Ruf im Posaunenton erhoben. Ich kannte das Menschengeschlecht genug, um nicht alles das für bare Münze anzunehmen, sondern fest überzeugt zu sein, daß, wenn ich einst in eine weniger angenehme Lage kommen und sie meiner nicht mehr bedürfen, sie mir ganz anders begegnen würden. Ich irrte nicht, aber deswegen waren diese doch nicht insgesamt Schurken und Heuchler. Viele von ihnen, es ist wahr, lernte ich als solche kennen; sie erlaubten sich die ärgsten Niederträchtigkeiten gegen mich; es befremdete mich nicht; ich verachte sie; aber manche waren vorher nur von dem Strome mit fortgerissen worden. Die Stimme meiner Feinde erweckte sie nun; sie stutzten, betrachteten mich mit forschendem Auge und sahen meine Fehler; sie warfen mir diese Fehler durch Worte und einige Kälte in ihrem Betragen vielleicht ein wenig zu unsanft vor, gaben mir dadurch Gelegenheit, selbst aufmerksam auf dieselben zu werden, an mir zu arbeiten, und wahrlich, diese sind mir nützlichre, echte Freunde gewesen als manche andre, die nicht aufhörten, mich in meiner Eitelkeit und Selbstgenügsamkeit zu bestärken.

8.

Kein Grundsatz scheint mir unfeiner und eines gefühlvollen Herzens unwürdiger als der: daß es ein Trost sei, Gefährten oder Mitleidende im Unglücke zu haben. Ist es nicht genug, selbst leiden und dabei überzeugt sein zu müssen, daß in der Welt noch viele ebenso redlich gute Menschen, wie wir sind, nicht weniger Elend zu tragen haben? Sollen wir noch die Summe dieser Unglücklichen mutwilligerweise dadurch vermehren, daß wir andre zwingen, auch unsre Last mitzutragen, die dadurch um nichts leichter wird? Denn man sage doch nicht, daß es Erleichterung sei, sich von seinem Schmerze zu unterhalten! Nur für einige alte Weiber, nicht aber für einen verständigen Mann, kann Geschwätzigkeit von der Art Wohltat werden. Ich habe im ersten Kapitel des ersten Teils davon geredet: ob es gut sei, andern seine Widerwärtigkeiten zu klagen. Damals sagte ich zur Beantwortung dieser Frage nur das, was Weltklugheit und Vorsichtigkeit lehren; im Umgange mit Freunden hingegen, wovon hier die Rede ist, muß uns auch Feinheit des Gefühls vorschreiben, unsre unangenehme Lage vor dem mitempfindenden, zärtlich teilnehmenden Freunde so viel möglich zu verbergen. Ich sage: so viel möglich, denn es können Fälle kommen, wo die Bedürfnisse des gepreßten Herzens, sich zu entladen, zu groß, oder die liebreichen Anforderungen des Freundes, der den Kummer auf unsrer Stirne liest, zu dringend werden, wo länger zu schweigen Folter für uns oder Beleidigung für den Vertrauten werden würde. In allen übrigen Fällen lasset uns der Ruhe unsers Freundes wie unsrer eignen schonen. Das aber versteht sich, daß hier nicht von Gelegenheiten die Rede ist, wo sein Rat oder seine Hilfe uns retten kann. – Was wäre Freundschaft, wenn man da schwiege?

9.

Klagt Dir ein Freund seine Not, seine Schmerzen, so höre ihn mit Teilnehmung an. Halte Dich nicht mit moralischen Gemeinsprüchen auf, mit Bemerkungen über das, was anders hätte sein und was er hätte vermeiden können, da es doch einmal nicht anders ist. Hilf, wenn Du es vermagst, tröste und verwende alles, was ihm Linderung geben kann, aber verzärtle ihn nicht an Leib und Seele durch weibische Klagen. Erwecke vielmehr seinen männlichen Mut, daß er sich erhebe über die nichtigen Leiden dieser Welt. Schmeichle ihm nicht mit falschen Hoffnungen, mit Erwartungen eines blinden Ungefährs, sondern hilf ihm, Wege einschlagen, die eines weisen Mannes würdig sind.

10.
Aus dem Umgange mit Freunden muß alle Verstellung verbannt sein. Da soll alle falsche Scham, da soll aller Zwang, den Konvenienz, übertriebene Gefälligkeit und Mißtrauen im gemeinen Leben auflegen, wegfallen. Zutraun und Aufrichtigkeit müssen unter innigen Freunden herrschen. Allein man überlege dabei, daß die Entdeckung von Heimlichkeiten, deren Mitteilung gar keinen Nutzen stiftet, hingegen durch die kleinste Unvorsichtigkeit in Bewahrung derselben Nachteil bringen kann, kindische Geschwätzigkeit ist; daß wenig Menschen unter allen Umständen unverbrüchlich ein Geheimnis zu bewahren vermögen, wenn auch diese Menschen alle übrigen Eigenschaften haben, die zur Freundschaft erfordert werden; daß fremde Geheimnisse nicht unser Eigentum sind, und endlich, daß es auch eigne Geheimnisse geben kann, die man ohne Schaden, Gefahr und Nachteil durchaus keinem Menschen auf der Welt anvertrauen darf.

11.
Jede Art von schädlicher Schmeichelei muß im Umgange unter echten Freunden wegfallen, nicht aber eine gewisse Gefälligkeit, die das Leben süß macht, Nachgiebigkeit und Geschmeidigkeit in unschuldigen Dingen. Es gibt Menschen, deren Zuneigung man augenblicklich verloren hat, sobald man aufhört, ihnen Weihrauch zu streun, sobald man nicht in allen Dingen einerlei Meinung mit ihnen ist, einerlei Geschmack mit ihnen hat. In ihrer Gegenwart darf man den größten Vorzügen andrer Leute ja nicht Gerechtigkeit widerfahren lassen. Gewisse Saiten kann man gar nicht berühren, ohne sie aufzubringen. Haben sie eine Torheit begangen; sind sie blindlings eingenommen für oder gegen eine Sache, für oder gegen eine Person; werden sie von Phantasie oder Leidenschaft irregeleitet; haben sie unanständige oder schädliche Gewohnheiten an sich; findet man in ihrer Art zu leben und zu wirtschaften etwas mit Grunde auszusetzen und man untersteht sich, hierüber etwas zu sagen, so schlägt das Feuer allerorten heraus. Andre werden hierdurch nicht sowohl beleidigt als gekränkt. Sie sind gewöhnt, sich so zu verzärteln, daß sie die Stimme der Wahrheit gar nicht hören können. Man soll nur von solchen Dingen mit ihnen reden, die ihren faulen Seelenschlummer

befördern. – »Wenn ich Dich bitten darf«, sagen sie, »so laß uns davon abbrechen. Das sind Gegenstände, die ich nicht gern in mein Gedächtnis zurückrufe. Es ist nun einmal nicht anders; ich weiß wohl, daß ich unrecht habe, daß ich vielleicht anders handeln sollte; aber es würde einen zu schweren Kampf kosten – meine Gesundheit, meine Ruhe, meine schwachen Nerven vertragen es nicht, daß ich ernstlich darüber nachsinne.« – Pfui, ein Mensch von festem Charakter, und der ernstlich das Gute liebt und sucht, muß den Mut haben, bei jedem Gegenstande mit reifer Überlegung verweilen zu können. – Alle solche weichgekochten Seelen taugen nicht zur Freundschaft. Man muß das Herz haben, Wahrheit zu sagen und Wahrheit anzuhören, auch dann, wenn diese Wahrheit hart ist und unser Innerstes erschüttert. Der Freibrief eines Freundes, dem andern die Wahrheit nicht zu verhehlen, berechtigt ihn aber nicht, dies mit Grobheit, mit Ungestüm, mit Zudringlichkeit zu tun, ihn durch lange Predigten zu ermüden und zu erbittern oder mit ängstlichen Besorgnissen zu erfüllen, wenn seinem Temperamente oder den Umständen nach gar kein Nutzen davon zu erwarten steht.

12.

Ich habe vorhin gesagt, daß alles, was die Gleichheit unter Freunden aufhebt, der Freundschaft schädlich sei; da nun das Verhältnis zwischen einem Wohltäter und dem, welcher Wohltaten empfängt, am wenigsten mit Gleichheit bestehn kann, so scheint es der Zartheit der Gefühle angemessen, zu verhindern, daß durch ein zu großes Gewicht von Wohltaten auf einer Seite ein Freund dem andern gleichsam unterwürfig werde. Verbindlichkeiten von der Art sind der Freiheit, der uneingeschränkten Wahl entgegen, auf welcher die Freundschaft beruhn soll. Sie bringen etwas in dies Bündnis hinein, das nicht hinein gehört, nämlich die Dankbarkeit, welche nicht freiwillig, sondern Pflicht ist. Man hat selten den Mut, so kühn und offenherzig mit dem Wohltäter zu reden als mit dem Freunde. Dazu kommt, daß, wenn ich einen Freund um eine Gefälligkeit bitte, er aus Delikatesse mir nicht gern abschlägt, was er vielleicht einem Fremden abschlagen würde. Ich weiß wohl, daß es ein edles, stolzes Herz, wenn es Wohltaten annimmt, fast mehr kostet, als wenn es gibt, selbst dann, wenn das, was es hingibt, Aufopfrung fordert;

allein immer ist dann doch auf einer Seite Last der Verbindlichkeit – und heißt das nicht, unter Freunden, auf *beiden Seiten*? Wäre es endlich auch nur das der einzigen Rücksicht, daß empfangene Wohltat uns parteiisch für den Wohltäter macht und Parteilichkeit Bestechung ist, so wünschte ich doch schon darum, dergleichen so viel möglich aus der Freundschaft verbannt zu sehn. Also sei man äußerst ekel in Erheischung und Annahme von Freundschaftsdiensten. Man suche lieber in Fällen, wo irgendeine solche Bedenklichkeit stattfinden möchte, Hilfe bei Fremden, besonders in Geldsachen. Doch gibt es Fälle, in denen man ohne Scheu sich an Freunde wenden muß, nämlich, wenn die Freundschaftsdienste, deren wir bedürfen, von der Art sind, daß der Freund sie uns ohne Ungemächlichkeit erweisen, oder ohne uns in Verlegenheit zu setzen und uns im mindesten zu beleidigen, verweigern kann; wenn wir in den Umständen sind, ihm gelegentlich wieder gleiche Gefälligkeiten zu erweisen; wenn niemand so gut als er von der Lage der Sache, von der Sicherheit, mit welcher er unsre Bitte zu gewähren vermag, überzeugt ist, oder wenn unser ganzes Glück auf Verschweigung einer Sache beruht; wenn wir uns keinem andern sicher, ohne Gefahr und Schaden anvertraun, von keinem andern Hilfe erwarten dürfen, und wenn wir dann gewiß wissen, daß unser Freund dabei nichts verlieren, keiner Gefahr ausgesetzt sein kann. In allen diesen und ähnlichen Fällen würden wir gegen das Zutraun sündigen, das wir ihm schuldig sind, wenn wir ihm unsre Verlegenheit verschwiegen.

13.

Etwas von dem, was ich über das Verhältnis unter Eheleuten gesagt habe, findet auch bei Freunden statt, nämlich, daß man sich hüten muß, einander überdrüssig zu werden oder durch zu öftern, zu vertraulichen Umgang widrige Eindrücke zu veranlassen. Zu diesem Endzwecke wähle man dieselben Mittel, die ich bei jener Gelegenheit vorgeschlagen habe. Man sehe sich nicht so übermäßig oft, daß die Gesellschaft unsers Freundes aufhört, Wohltat, daß sie anfängt, etwas Alltägliches für uns zu werden, daß wir zu genaue Bekanntschaft mit den kleinen Fehlern des Freundes machen, deren jeder Mensch mehr oder weniger hat, die auch nicht so sehr auffallen, wenn man nicht immer miteinander lebt, die aber bei manchen Stimmungen und Launen auf die Länge von nachteiliger Wirkung sein können. Diese Vorsicht ist noch nötiger in der Freundschaft als in der Ehe, da in jener nicht, wie in dieser, andre Rücksichten und der Gedanke, daß man nun einmal auf die ganze Lebenszeit miteinander zu Freude und Leid, zu gemeinschaftlicher Ertragung und um ein Leib und eine Seele zu sein, vereint ist; da, sage ich, dieser Gedanke und manches andre Band der Liebe in der Freundschaft wegfällt, folglich die Beständigkeit derselben von feiner Schonung abhängt. Es ist wahr, daß jene unangenehmen Eindrücke bei edeln und verständigen Menschen nicht von Dauer sind und daß es nur eines Zwischenraums von wenig Tagen bedarf, um uns wieder die Augen zu öffnen über den Wert und Vorzug unsers Freundes vor andern mittelmäßigen Leuten, mit denen wir indes gelebt haben; allein besser ist es doch, wenn dergleichen Empfindungen gar nicht in unser Herz kommen, und das kann man ja ändern. Man verbanne daher auch aus dem Umgange mit Freunden jene pöbelhafte Vertraulichkeit, jenen Mangel an Höflichkeit und jene Nachlässigkeit im Äußern, wovon ich im dritten Kapitel dieses Teils, besonders in dessen viertem Abschnitte geredet habe, und lege endlich auch dem Freunde keine Art von Zwang auf, verlange nicht, daß er sich nach unsern Launen, nach unserm Geschmacke richten, noch daß er den Umgang solcher Leute, gegen welche wir eingenommen sind, fliehn solle.

Ebenso wichtig aber ist es auch, sich den Umgang mit geliebten Personen nicht so sehr zum Bedürfnisse zu machen, daß man ohne sie durchaus nicht leben zu können glaubt. Wir sind auf dieser Welt nicht Herr über unser Schicksal. Man muß sich gewöhnen, Trennungen durch Tod, Entfernung und andre Umstände zu ertragen, und wenn man ein Gut besitzt, sich mit dem Gedanken gemeinmachen, daß man dies Gut auch verlieren könne. Ein weiser Mann baut nicht seine Existenz auf das Dasein eines andern Wesens.

14.

Bleibe aber immer, auch in der Entfernung, ein warmer Freund Deiner Freunde, sonst scheint es, als habest Du aus Eigennutz, um den Genuß ihrer Unterhaltung zu schmecken, Dich an sie geschlossen.

Sei nicht so nachlässig im Briefwechsel mit ihnen, als wohl manche Menschen es sind.[1] Wie leicht ist nicht ein Zettelchen beschrieben! Wer hat so viele Geschäfte, daß ihm nicht täglich wenigstens eine Viertelstunde frei bliebe? Wie erfreulich für einen entfernten Freund und wie wohltuend für uns selbst können aber nicht oft ein paar zärtliche, tröstliche Zeilen sein. Ich lasse auch die Entschuldigung nicht gelten, daß man zuweilen lange Zeit hindurch gar nicht gestimmt sei, seine Gedanken in Ordnung auf das Papier zu bringen. Briefe an den Vertrauten unsers Herzens sind keine rednerische Ausarbeitungen; jedes Wort wird ihm willkommen sein, das Abdruck dessen ist, was in unsrer Seele vorgeht, und auf diese Weise wird uns ja die Trennung von geliebten Personen erträglich.

15.

Man sieht zuweilen Menschen ebenso eifersüchtig in der Freundschaft wie in der Liebe sein. Das zeugt mehr von einer neidischen als von einer zärtlichen Gemütsart. Freuen soll es uns, wenn auch andre Leute den Wert dessen zu schätzen wissen, der uns teuer ist; freuen soll es uns, wenn unser Liebling noch außer uns gute Seelen findet, denen er sich mitteilen, in deren Gemeinschaft er reine Wonne schmecken kann. Er wird darum nicht blind gegen unsre Vorzüge, nicht undankbar gegen uns werden – und würden wir denn dadurch mehr innern Wert bekommen, daß wir ihm die Augen über die Vortrefflichkeiten andrer zuhielten?

---

1 Wer sollte glauben, daß auch diese Stelle hätte mißverstanden werden können? Und doch ist das geschehn. Ein Rezensent machte dabei die Bemerkung: Mit ein paar aus bloßer Höflichkeit geschriebenen Zeilen könne wohl dem Freunde nicht gedient sein. – Das ist sehr wahr; aber habe ich denn das je behauptet? Folgendes ist der Sinn meiner Vorschrift: Da es Menschen gibt, die es ebensogut mit uns meinen, obgleich sie nicht schreiben, so ist es nicht unnütz, diese zu ermahnen, neben ihrem guten Willen, dem Freunde noch das Vergnügen zu machen, ihm auch zuweilen in einigen Zeilen zu sagen, was sie fühlen.
Eben diese Bewandtnis hat es mit der demselben Rezensenten aufgefallnen Stelle: »Laß niemand von Dir, ohne ihm etwas Lehrreiches oder Verbindliches gesagt zu haben!« usf., welche Stelle ich deswegen in der neuen Ausgabe genauer zu bestimmen versucht habe.

16.

Alles, was Deinem Freunde angehört, sein Vermögen, sein bürgerliches Glück, seine Gesundheit, sein Ruf, die Ehre seines Weibes, die Unschuld und Bildung seiner Kinder – das alles sei Dir heilig, sei ein Gegenstand Deiner Sorgfalt und Deiner Schonung. Auch Deine heftigste Leidenschaft, Deine unmäßigste Begierde müßte diese Unverletzlichkeit respektieren!

17.

Gaben, Anlagen und die Art, seine Empfindungen an den Tag zu legen, sind bei den Menschen verschieden. Nicht immer ist derjenige der Gefühlvollste, welcher am mehrsten von innern Regungen und Empfindungen schwätzt, nicht immer derjenige der treueste und beharrlichste Freund, der mit dem heftigsten Feuer uns an seine Brust drückt, der mit der größten Hitze hinter unserm Rücken sich unsrer annimmt. Alles Überspannte taugt nicht, dauert nicht; ruhige, stille Hochachtung ist mehr wert als Anbetung, Verehrung, Entzückung. Man verlange daher nicht von jedem denselben Grad von äußern Freundschaftsbezeugungen, sondern beurteile seine Freunde nach der fortgesetzten, immer gleichen Zuneigung und treuen Ergebenheit, welche sie uns in der Tat ohne Übertreibung und ohne Schmeichelei beweisen. Leider aber klassifiziert unsre Eitelkeit mehrenteils den Wert der Menschen nach dem Grade der Huldigung, welche sie uns leisten, und die mehrsten Leute suchen solche Freunde um sich her zu versammeln, an deren Seite sie in doppelt vorteilhaftem Lichte erscheinen und denen ihre Worte Orakelsprüche sind.

18.

Werbe nicht ängstlich um Freunde. Mache nicht Jagd auf jeden guten Mann, daß er Dir besonders zugetan werden soll. Jede Art von Andringlichkeit, wäre sie auch noch so gut gemeint, pflegt in dieser Welt Verdacht zu erwecken, und wer in der Stille auf dem Pfade fortwandelt, den Redlichkeit und Klugheit bezeichnen, und dabei ein wohlwollendes, zur Mitteilung gestimmtes Herz in seinem Busen trägt, der bleibt nicht unbemerkt, nicht unaufgesucht; er findet ein paar Edle, die ihm die Hand zum brüderlichen Bunde reichen.

19.

Es gibt Menschen, die gar keinen vertrauten Freund, sondern nur Bekannte haben; entweder weil ihnen der Sinn für dies Seelenbedürfnis fehlt oder weil sie keinem lebendigen Wesen trauen oder weil ihre Gemütsart kalt, unverträglich, verschlossen, eitel oder zänkisch ist. Andre sind aller Welt Freunde; sie werfen ihr Herz jedermann vor die Füße, und deswegen bückt sich keiner, greift niemand darnach, es aufzunehmen. – Lasset uns zu keiner von beiden Klassen gehören!

20.

Auch unter den vertrautesten Freunden können Irrungen entstehn, Mißverständnisse eintreten. Wenn man darüber Zeit verstreichen läßt oder zugibt, daß sich dienstfertige Leute hineinmischen, so erwächst daraus nicht selten eine dauerhafte Feindschaft, ja, eine Feindschaft, die mehrenteils um so heftiger wird, je zärtlicher, je vertrauter die Verbindung gewesen, und je ärger man sich also hintergangen glaubt. Es ist wahrlich ein trauriger Anblick, auf diese Weise zuweilen die edelsten Seelen gegeneinander empört zu sehn. Dringend rate ich daher, bei dem ersten Schatten von Unzufriedenheit über irgendein Betragen des Freundes nicht säumen, ohne Zutun eines Dritten, auf Erläuterung zu dringen. Da pflegt alles sehr bald verglichen zu werden, vorausgesetzt, daß kein böser Wille obwaltet, wie man es denn bei gutgesinnten, wohlwollenden Freunden voraussetzen muß.

21.

Wie aber, wenn uns nun Freunde täuschen, wenn wir nach einiger Zeit wahrnehmen, daß unser gutes Herz uns irregeleitet, uns an Menschen gekettet hat, die unsrer nicht wert sind? – Meine Leser! Ich kann es nicht oft genug wiederholen, daß wir mehrenteils selbst daran schuld sind, wenn wir bei näherm Umgange die Menschen anders finden, als wir sie uns anfangs gedacht haben. Parteiische Gefühle, Sympathie, Ähnlichkeit des Geschmacks, der Neigung, feine Schmeichelei, Seelendrang in Augenblicken, wo jeder uns ein Wohltäter scheint, der nur einige Teilnahme an unserm Schicksale zeigt – diese und andere dergleichen Eindrücke lassen uns von den

Menschen, denen wir unser Herz schenken, solche Ideale fassen, die nachher unmöglich wahrgemacht werden können. Wir denken sie uns engelrein und sind nachher viel unduldsamer gegen diese unsre Lieblinge als gegen fremde Leute, sobald wir menschliche Schwachheiten an ihnen gewahr werden, indem wir daraus eine Ehrensache für unsre Klugheit machen. Spannet Eure Erwartung, Eure Meinung von Euren Freunden nicht zu hoch, so wird Euch ein menschlicher Fehltritt, den sie in Augenblicken der Versuchung begehen, nicht befremden, nicht ärgern. Habet Nachsicht! Ihr bedürft deren vielleicht selbst bei andern Gelegenheiten. Richtet nicht, damit auch Ihr nicht gerichtet werdet! – Und was für Recht hast Du denn auch über die Moralität Deines Freundes? Was ist er Dir anders schuldig als Treue, Liebe und Dienstfertigkeit? Wer hat Dich zum Sittenrichter über ihn bestellt? – Suche einen vollkommnen Mann auf dieser Erde, und Du kannst hundert Jahre alt werden und noch immer vergebens umherrennen.

Vor allen Dingen aber soll man sich hüten, jedem elenden Geschwätze, womit böse oder schwache Menschen zum Nachteile unsrer Freunde unsre Ohren erfüllen, Glauben beizumessen. Leute, die heute mit einem Manne, den sie bis in den Himmel erheben, ihren letzten Bissen teilen würden, und morgen, wenn irgendein altes Weib ihnen ein ärgerliches Märchen aufgehängt hat, denselben zu dem verächtlichsten Betrüger herabwürdigen; Leute, die einen vieljährigen, geprüften Freund, auf Angabe des niederträchtigen, unwürdigen Pöbels, einer ihm schuld gegebenen Schandtat fähig halten können – wäre auch alle Wahrscheinlichkeit auf seiten der Verleumder – solche wankelmütigen, elenden Lumpenseelen verdienen nur Verachtung, und der Verlust ihrer Freundschaft ist barer Gewinst. Der Anschein ist oft sehr trüglich; man kann Veranlassungen haben, es können Notwendigkeiten eintreten, die es uns unmöglich machen, gewisse zweideutig scheinende Schritte zu erläutern; aber daß ein bewährter, edler Mann keine schlechte Handlung begangen habe, davon bedarf es gar weiter keines Beweises als dessen, daß ein edler Mann nie eine schlechte Handlung begeht.

22.

Wenn denn nun aber wirklich unser Freund sich so moralisch ver-
schlimmert, oder unser leichtgläubiges Herz sich in einem solchen
Grade in seinem Zutrauen zu ihm betrogen, daß er unsre Vertraulichkeit gemißbraucht, uns mit Undank belohnt hätte – nun, so hört
er auf, unser Freund zu sein; ich meine aber, er behält doch nicht
mehr und nicht weniger Rechte auf unsre Duldung als jeder andre,
uns fremde Mensch. Ich halte es für eine falsche Delikatesse, an
welcher mehrenteils die Eitelkeit, indem wir uns ungern wollen ge-
irrt haben, ihren Teil hat, wenn man glaubt, man müsse nun von
einem solchen Verräter immer mit großer Schonung reden, weil er
einst unser Freund gewesen. Das einzige, was uns bewegen kann,
seiner zu schonen, ist der Gedanke, daß überhaupt das menschliche
Herz ein schwaches Ding ist und daß man leicht zu weit in seinem
Widerwillen geht, wenn eine Art von Rache sich in unser Urteil
mischt. Von der andern Seite aber macht der Umstand, daß der
Mann uns betrogen, sein Verbrechen auch nicht um ein Haar breit
größer, berechtigt uns nicht, ärger gegen ihn zu Felde zu ziehn als
gegen jeden andern Schelm, der andre Menschen und überhaupt die
Tugend betrügt.

Henry David Thoreau

Über die Freundschaft

Während wir fern von jenen Wassern treiben, an deren Ufern unsere Freunde und Verwandten zurückgeblieben sind, beschäftigen wir uns in Gedanken noch immer mit ihnen, denn gleiches Blut verbindet uns – und es gibt edleres Blut als jenes, dessen Gesetze Lavoisier entdeckt hat: Blut nicht nur der Verwandtschaft, sondern auch der Sympathie, dessen Puls immer und überall schlägt. Nach Jahren schalgewordener Vertrautheit spricht in unserer Erinnerung irgendeine längst vergessene Gebärde oder eine unwillkürliche Haltung des Körpers nachdrücklicher als die weisesten und gütigsten Worte. Zuweilen werden wir eine Freundlichkeit gewahr, die uns vor vielen Jahren erwiesen wurde, und bemerken, daß es Zeiten gab, in denen die Gedanken unserer Freunde über uns leicht waren, daß sie wie die Winde des Himmels unbemerkt über uns hinwegstrichen. Das war damals, als sie uns nicht nach dem bewerteten, was wir waren, sondern nach dem, was wir erstrebten. Vielleicht wird uns jetzt erst der Adel solch unvergeßlichen Verhaltens bewußt, und wir schaudern beim Gedanken, wie kalt es uns damals ließ, obwohl wir in später Erkenntnis die Beschämung abzuschütteln suchen.

Erfahrungsgemäß sind Personen der trockenste und nichtigste Unterhaltungsgegenstand, selbst wenn es sich um einen Freund handelt. Das Weltall bleibt uns stumm, wenn wir den Charakter einzelner Menschen erörtern. Unser Gespräch läuft ganz und gar auf üble Nachrede hinaus, und je weiter wir gehen, um so enger wird unser Gebiet. Woher rührt es wohl, daß wir uns alle versucht fühlen, unsere alten Freunde schlecht zu behandeln, sobald wir neue erworben haben? »Hab' ich neues Geschirr im Haus, werf' ich das alte zum Fenster hinaus«, sagt da mancher.

So laßt uns lieber von den Bäumen des Waldes reden, unserer Freunde wollen wir besser nur im geheimen gedenken!

Freundschaft verflüchtigt sich, wie jedermann erfährt, und haftet in der Erinnerung wie Wetterleuchten verflossener Sommer. Sie ist schön und vergänglich wie eine Sommerwolke (denn etwas Dunst ist immer in der Luft, kommen doch selbst richtige Aprilschauer vor). Zuweilen wird sie uns wieder gegenwärtig, denn ihre Spuren verschwinden nie. Sie erscheint wie das Wachstum in so vielen Organismen, welches, einem unveränderlichen Gesetze folgend, zwar niemals die gleiche Form zum zweiten Male hervorbringt, aber doch in ihrem Wesen ewig dasselbe ist – uralt und uns vertraut wie Sonne und Mond, und ebenso sicher wiederkehrend wie sie.

Das Herz aber bleibt immer unerfahren. Diese nie fehlenden, nie ganz täuschenden Traumbilder ziehen sich schweigend, von magischer Kraft getrieben, zusammen wie die hellen und flockigen Wolken an ganz ruhigen und klaren Tagen.

Der Freund gleicht einer herrlichen, in der Ferne auftauchenden Palmeninsel, wie sie den Seemann im Stillen Ozean narrt. Vielen Gefahren ist er ausgesetzt, Stürme und Hindernisse muß er überwinden, ehe er ruhige Fahrt genießt. Aber wer möchte nicht durch die wütenden Wogen selbst der atlantischen Gewässer fahren, um die sagenhaften Küsten einer neuen Welt zu erreichen? Columbus segelte, seinem Kompaß folgend, in westlicher Richtung an jenen Gestaden vorbei, und weder er noch seine Nachfolger haben sie je gefunden.

Wir sind nicht weiter als Platon. Wen ein aufrichtiges Verlangen und ein Herz voll Hoffnung auf die Suche treibt nach dieser neuen Welt, der ist immer seiner Zeit voraus, und unbeirrt durch die Menge, verfolgt er geradeaus seinen Weg.

Wandeln wir nicht dahin wie zwischen den Säulen Palmyras in der Wüste?

Die Freundschaft hat auf Erden keinerlei Regeln; von keiner Religion wird sie gelehrt, keine Bibel enthält ihre Grundsätze. Sie besitzt keine Tempel, nicht einmal eine einzelne Säule. Gerüchte verkünden, daß das Land bewohnt ist, aber der schiffbrüchige Seefahrer sieht keine Fußspuren im Sande. Beim Suchen findet er nur Tonscherben und Denkmäler einstiger Bewohner.

Wir sind nun einmal Wesen, die in Gemeinschaft leben. Unser Ziel ist das gleiche. Wenn aber das Gewebe unserer Bestimmung gewebt ist, nimmt es das Schicksal in die Hände und walkt es durch, und wir finden uns inmitten der Bedrängnisse des Lebens. So sucht der Mensch, selbst wenn er von sich aus nicht danach begehrte, von der Natur getrieben, Verbündete, wie sein Handeln uns zeigt. Daher fühlen wir uns versucht, auf die Ähnlichkeit und nicht auf die Verschiedenheit Gewicht zu legen.

Von Zeit zu Zeit kommen diese und jene zu mir, wo ihnen die geringe Möglichkeit eines Gespräches winkt. Schweigend und in Gedanken versunken warten sie auf mein Plektron, das die Saiten ihrer Lyra zum Schwingen bringen soll. Ach, daß wir doch je einen ganzen Satz sprächen oder zu hören bekämen, wie sie ihn erträumen!

Sie sprechen leise und drängen sich nicht auf. Sie haben Kunde von Dingen, die niemand, auch sie nicht, mitzuteilen vermag.

Sie tragen einen Reichtum in sich, der auf die verschiedenste Weise ausgegeben werden kann. Was suchen sie gerade hier?

Kein Wort ist häufiger auf Menschenlippen als das Wort Freundschaft, und kein Gedanke menschlicher Sehnsucht vertrauter. Jeder träumt von ihr, und ihr Schauspiel, das immer ein Trauerspiel ist, wird täglich aufgeführt. Sie ist das Geheimnis des Weltalls. Um sie geht alles Sinnen, wenn auch niemand von ihr spricht, gleichgültig, ob in der Stadt oder auf dem Lande. Sie beeinflußt unser Verhalten gegen neue und selbst gegen alte Bekannte. Und dennoch erinnere ich mich nur zweier oder dreier Abhandlungen über diesen Gegenstand in der gesamten Literatur. Was Wunder, daß die Mythologie, Tausendundeine Nacht, Shakespeare und Scotts Romane uns unterhalten – sind wir doch selbst Dichter und Fabulierer. Unaufhörlich spielen wir eine Rolle in einem Schauspiel, das anziehender ist als alle, die je geschrieben worden sind. Wir bilden uns ein, daß unsere Freunde unsere Freunde, und daß wir unserer Freunde Freunde seien.

Unsere tatsächlichen Freunde sind nur entfernte Verwandte, denen wir uns in Wahrheit verbunden wissen. Niemals wechseln wir mehr als drei Worte mit einem Freunde, der sich auf der Höhe halten will, auf der wir uns im Geiste stets bewegen. Wir wollen sagen »Bester Freund!« und unser Gruß lautet: »Hol' dich der Kuckuck!« Doch lassen wir uns dadurch nicht entmutigen! Noch nie gewann ein zages Herz einen echten Freund. O mein Freund, möge es einmal dahin kommen, daß, wenn du mein Freund bist, ich auch der deinige sei!

Was nutzt die beste Befähigung zur Freundschaft, wenn der Freundschaft keine eigene Zeit geweiht wird, wenn sie immer nur nichtigen Dingen und Werken dient? Freundschaft soll das erste und das letzte sein.

Aber es ist ebenso unmöglich, unsere Freunde zu vergessen, wie zu verlangen, daß sie unserem Ideal entsprechen. Wenn sie scheiden, dann erst beginnen wir bei ihnen zu sein. Wie oft wenden wir uns von unseren tatsächlichen Freunden ab, um ihre erträumten Vettern zu suchen. Wie gerne wäre ich wert, irgend jemandes Freund zu sein!

Was man gewöhnlich mit dem Namen Freundschaft beehrt, ist weder ein sehr tiefes noch ein sehr mächtiges Gefühl. Im Grunde lieben die Menschen ihre Freunde nicht allzusehr.

Mir ist es noch nicht oft begegnet, daß Bauern aus gegenseitiger Freundschaft zu Sehern und Propheten geworden wären, die bis an die Grenze der Vernunft entrückt sind. Ihre Zusammenkünfte werden selten durch Liebe verklärt und gehoben. Ich kann nicht finden, daß sie durch die Liebe zu einem Menschen geläutert, veredelt und begeistert werden. Wenn man jemandem einen niedrigeren Holzpreis macht, oder einem Nachbarn seine Stimme bei einer Wahl oder eine Tonne Äpfel gibt, oder häufig seinen Wagen leiht, so gilt das schon als ein seltener Freundschaftsbeweis. Ebensowenig pflegen Bauernweiber ihr Leben der Freundschaft zu weihen. Mir ist kein Freundespaar unter Bauern beiderlei Geschlechts bekannt. Die Geschichte berichtet höchstens von zwei oder drei Beispielen. Wenn man sagt, daß jemand dein Freund ist, so besagt es gewöhnlich nicht mehr, als daß er nicht dein Feind ist. Die meisten fassen nur die unwesentlichen und geringfügigen Vorteile ins Auge, die mit der Freundschaft verbunden sind, und überlegen sich, wie ihnen der Freund in der Zeit der Not durch seine Mittel, seinen Einfluß oder seinen Rat von Nutzen sein könnte. Aber wer hierbei an solche Vorteile denkt, zeigt, daß er gegen die wirklichen Segnungen blind ist, oder sie noch nicht kennengelernt hat. Derartige Dienstleistungen sind von beschränktem und untergeordnetem Wert, verglichen mit dem ständigen und allumfassenden Dienst, in dem das Wesen der Freundschaft besteht.

Selbst der beste Wille, Übereinstimmung der Gedanken sowie werktätige Güte reichen zur Freundschaft nicht aus, denn Freunde leben nicht nur, wie einige meinen, in Harmonie, sondern in Melodie zusammen. Wir wünschen uns einen Freund, nicht damit er unseren Körper nähre und kleide – so viel Güte erzeigen uns auch unsere Nachbarn –, sondern damit er solches unserem Geist angedeihen lasse. Aber hierzu sind nur wenige reich genug, so guten Willens sie auch sein mögen.

Man bedenke die Wichtigkeit der Freundschaft in der Erziehung der Menschheit! Sie macht den Menschen ehrlich, sie will ihn zu einem Helden, zu einem Heiligen machen. Sie ist der Zustand, in dem der Gerechte umgeht mit dem Gerechten, der Hochherzige mit dem Hochherzigen, der Aufrichtige mit dem Aufrichtigen, der Mensch mit dem Menschen. »Deshalb zählt die Liebe nicht zu den Tugenden, weil sie aller Tugenden Inbegriff ist.«

Alle Mißbräuche, um deren Abstellung sich Philanthropen, Staatsmänner und Familienväter bemühen, werden im freundschaftlichen Verkehr unbewußt abgeschafft. Ein Freund denkt so hoch von uns, daß er uns stets im Besitze aller Tugenden wähnt und sie an uns zu würdigen versteht. Es gehören zwei dazu, um die Wahrheit zu sagen – einer, der sie sagt, und ein anderer, der sie hört. Zu welchem Zwecke soll man Holz und Stein großherzig behandeln? – Hätten wir es nur mit Falschen und Unehrlichen zu tun, so würden wir es schließlich verlernen, die Wahrheit zu sagen. Bei unserem alltäglichen Umgang mit den Menschen müssen unsere edleren Fähigkeiten schlummern und rosten. Niemand erwartet von uns edle Gesinnungen. Wir bitten unseren Nachbarn, er möge uns erlauben, daß wir ihn als wahren, aufrichtigen und edlen Menschen betrachten. Seine Taubheit schenkt unserer Bitte kein Gehör. Er vernimmt unser Verlangen überhaupt nicht. Er sagt einfach: »Ich bin's ganz zufrieden, wenn du mich für nichts Besseres nimmst, als ich bin« – als betrügerisch, gemein, unehrlich und selbstisch. Meistens begnügen wir uns damit, andere so zu behandeln und auch so behandelt zu werden, glauben auch gar nicht, daß für die Menge ein besseres oder

edleres Verhältnis möglich sei. Häufig genug hat jemand soge-
nannte gute Nachbarn und Bekanntschaften, selbst Kameraden,
Brüder, Schwestern und Kinder, die alle nur in dieser Art zueinander stehen. Der Staat verlangt keine vollkommene Gerechtigkeit
von seinen Gliedern, sondern ist der Meinung, daß er mit einem
Bruchteil davon – kaum mehr, als Schurken besitzen – auskommt,
und innerhalb der Familien und im Verhältnis der Nachbarn
herrscht dieselbe Auffassung.

Was man gewöhnlich Freundschaft nennt, ist nur ein größerer Grad
von Ehrgefühl unter Bösewichten.

Man sagt wohl manchmal, daß wir einander lieben müssen, das
heißt, daß wir in wahrer Verwandtschaft zueinanderstehen und jeder dem andern das Beste gibt und von ihm auch das Beste empfängt. Wo eine herzliche Aufrichtigkeit besteht, waltet auch die
Liebe, und in dem Maße, wie wir einander aufrichtig und vertrauensvoll entgegenkommen, wird unser Leben wunderbar vergött-
licht und entspricht unserem Ideal. Es gibt in unserem Verkehr mit
irdischen Menschen Zeiten, wo eine Zuneigung uns erfüllt, die wir
nie auch nur im Traume für möglich gehalten hätten; sie verklärt
unser irdisches Leben und gibt einen Vorgeschmack des Himmels.

Was ist das für eine Liebe, die selbst im prosaischsten Flecken sich
zeigt und uns den Göttern gleich macht, eine Liebe, die eine unbe-
kannte Welt erschließt, schön, glänzend, unendlich, und die alte
Welt verdrängt, während für den gewöhnlichen Sterblichen das
Weltall grau wie Staub erscheint? Wo ist diese Welt, die uns so uner-
reichbar oder unauffindbar dünkt? Welche anderen Worte, möchte
man fast fragen, sind wichtig und wert, ausgesprochen zu werden,
außer jenen, welche die Liebe eingab? Wie wunderbar, daß sie einmal erklungen sind! Es sind ihrer zwar nur wenige, aber das Gedächtnis wiederholt sie unaufhörlich und wandelt sie ab wie eine
Melodie. Alle anderen Worte zerbröckeln mit der Rinde, die das
Herz umschließt. Zuweilen können wir sie nicht laut sagen und zu-
zeiten überhaupt nicht hören.

Bücher für die Jugend sprechen viel von der Wahl der Freunde; das
geschieht deshalb, weil sie gar nichts über die Freunde zu sagen haben; sie meinen nur Genossen und Vertraute.

Wisse, daß Feind und Freund von Gott gegeben sind! Freundschaft entsteht unter solchen, die eine Seelenverwandtschaft zueinander führt; völlig natürlich und notwendig wächst sie heran. Es nützt nichts, einander Geständnisse zu machen und sich entgegenzukommen. Selbst daß man miteinander spricht ist nicht unbedingt vonnöten. Sie erblüht aus dem Schweigen, so wie die Knospen des Pfropfreises sich erst nach längerer Zeit zu Blättern entwickeln. Es ist ein Schauspiel, bei dem die Teilnehmer keine handelnden Personen sind. In dieser Hinsicht sind wir alle Muselmanen und Fatalisten. Ungeduldige und ihres Erfolges ungewisse Liebhaber glauben, daß sie bei jeder Begegnung etwas Freundliches sagen oder tun müßten und nie kalt erscheinen dürften. Aber Freunde tun nichts, wovon sie glauben, sie müßten es tun, sondern nur das, was sie unwillkürlich tun müssen. Selbst ihre Freundschaft ist für sie in gewissem Sinne nur ein herrliches Naturwunder.

Der wahre und aufrichtige Freund wird etwa so zu seinem Freunde sprechen: »Ich frage dich nie um Erlaubnis, dich zu lieben – ich habe ein Recht dazu. Ich liebe dich nicht als etwas Einzelnes und Persönliches, das dir gehört, sondern als etwas Universelles und Liebenswertes, das ich gefunden habe. Wieviel halte ich von dir! Du bist gut ohne Einschränkung – bist unendlich gut. Ewig kann ich dir vertrauen. Ich habe nicht geglaubt, daß die Menschheit so reich wäre. Gib mir eine Gelegenheit zu leben!

Du hast die Wirklichkeit der Poesie – du bist eine merkwürdigere und bewunderungswürdigere Wahrheit als eine Dichtung. Sei nur, was du bist! Ich werde dir nie im Wege sein.

Dies möchte ich: so dein Vertrauter sein, wie unsere Seelen Vertraute sind – dich verehren, wie ich mein Ideal verehre – uns gegenseitig weder durch Worte noch durch Taten erniedrigen, nicht einmal in Gedanken. Wenn nötig, wollen wir sogar auf jeden Umgang verzichten. Ich habe dich entdeckt, wie kannst du vor mir verborgen bleiben?«

Der Freund fordert vom Freunde als Entgelt nur, daß er seine Vergötterung ehrfürchtig annehme, sie dulde und ihr keine Schande mache. Die Hoffnungen des einen sind dem andern heilig. Ein jeder kommt den Träumen des Freundes freundlich entgegen.

Wenn auch der Dichter sagt: »Es ist das Vorrecht der Freundschaft,

Vortrefflichkeit vorauszusetzen«, so dürfen wir doch niemals unseren Freund loben, noch ihn für lobenswert halten, noch ihn glauben lassen, daß er uns durch sein Verhalten gefallen oder uns je gut genug behandeln könne.

Die übliche Gutheit, die sonst solches Ansehen genießt, kann bei diesem Verhältnis am wenigsten bestehen, und kein größerer Schimpf kann dem Freund angetan werden, als wenn ihm der Freund mit einem gesuchten Wohlwollen und einer Freundlichkeit begegnet, die ihm nicht von Natur eigen ist.

Am stärksten fühlen sich natürlich die Geschlechter voneinander angezogen und ergänzen sich gegenseitig am häufigsten und sichersten. Wie natürlich und leicht ist es für einen Mann, die Aufmerksamkeit einer Frau für sein Interessengebiet zu gewinnen! Wenn Männer und Frauen von gleicher Bildungsstufe sich in Freundschaft finden, so werden sie sicher einander von größerem Nutzen sein als Männer unter sich. Beim geselligen Verkehr der Geschlechter besteht von Natur aus eine gewisse Selbstentäußerung, ein großmütiges Entgegenkommen, und ich bin überzeugt, daß jeder Mann seine Lieblingsbücher eher einem Kreise geistreicher Frauen vorzeigen und vorlesen wird als einem anderen Manne. Der Besuch eines Mannes bei einem andern bedeutet gewöhnlich für diesen eine Störung, während die Geschlechter aufeinander warten. Trotzdem achtet die Freundschaft die Tatsache der Geschlechter nicht, und sie ist vielleicht bei Menschen verschiedenen Geschlechts seltener als zwischen zwei Angehörigen des gleichen.

Jedenfalls ist die Freundschaft ein Verhältnis völliger Gleichheit. Sie kann nicht ohne äußere Zeichen gleicher Pflichten und gleicher Vorrechte bestehen. Der Edelmann kann keinen Freund haben unter seinen Dienstboten, noch der König unter seinen Untertanen. Nicht daß Freunde in allem einander gleich sein müßten – jedenfalls aber müssen sie es sein in allem, was ihre Freundschaft berührt und angeht. Ihre gegenseitige Liebe hält sich das Gleichgewicht. Die Personen sind nur das Gefäß, welches den Nektar enthält, und die paradoxe Lehre vom Gleichgewicht flüssiger Körper ist ein Symbol des Gesetzes der Liebe. Hohe und Niedrige, Läufer und Lahme, Jäger und Wild – alle macht die Liebe gleich.

In dieser Hinsicht ist keines der Geschlechter zarter als das andere, und die Liebe eines Helden ist so scheu wie die eines jungen Mädchens.

Konfuzius sagt: »Schließe niemals Freundschaft mit einem Manne, der nicht besser ist als du selbst.« Darin besteht der Wert der Freundschaft, und dadurch wird sie erhalten, daß sie sich auf höherer Ebene abspielt, als der wirkliche Charakter der Befreundeten annehmen läßt. Die Lichtstrahlen gelangen derartig gebrochen zu uns, daß uns jeder, dem wir begegnen, größer zu sein scheint, als er wirklich ist. Die Höflichkeit hat gleichen Ursprung. Meinen Freund denke ich mir voll der reinsten Empfindungen. Bin ich von ihm getrennt, so stelle ich ihn mir bei edlerer Beschäftigung vor, als bei welcher ich ihn sonst anzutreffen pflege, und ich bilde mir ein, daß er die Stunden, die er mir widmet, besserer Gesellschaft entzieht. Aufs schmerzlichste verletzt hat mich einmal ein Freund, als er sich in meiner Gegenwart so schamlos benahm, wie es nur lange Bekanntschaft vom gewöhnlichen Schlage sich herausnimmt, und mich dabei in freundschaftlichem Tone anredete. Nimm dich in acht, daß dein Freund nicht irgendeine deiner Schwächen dulden lerne und so dem Fortschreiten eurer Liebe ein Hindernis erwachse!

Freundschaft ist niemals etwas Selbstverständliches. Verlangst du, daß ich weniger dein Freund sei, damit du es wissest? Welches Recht habe ich also zu glauben, daß ein anderer eine so seltene Empfindung für mich hegt? Es ist ein Wunder, welches beständiger Beweise bedarf. Es ist ein Gottesdienst edelster Art und der seltenste Glaube. Sein stummes und doch beredtes Verhalten sagt: so möchte ich mit dir verbunden sein, wie du es dir nur vorstellen kannst, und der Freund antwortet schweigend durch sein Wesen und sein Leben und behandelt den Freund mit derselben göttlichen Zartheit. Er kennt uns buchstäblich durch und durch. Er verlangt niemals ein Liebeszeichen, aber unsere Liebe leuchtet ihm aus allem entgegen. Seine Besuche sind ohne Förmlichkeit. Warte nicht, bis ich dich einlade, sondern sieh, wie ich mich über dein Kommen freue! Es wäre zu viel, deinen Besuch zu erbitten. Wo mein Freund weilt, ist alles reich und anziehend, und kein Hindernis kann mich von ihm fernhalten. Laß mich dir niemals sagen, was ich dir nicht sagen darf! Unsere Zwiesprache soll nur erhabene Gegenstände kennen und uns zu solchen hinaufführen. Die Sprache der Freundschaft besteht nicht aus Worten, sondern aus Gehalten. Es ist ein geistiges Verstehen, das über Worte erhaben ist.

Man stellt sich endlose Unterhaltungen mit seinem Freunde vor, bei denen die Zunge gelöst und Gedanken ohne Rückhalt und ohne Ende ausgesprochen werden, aber es kommt gewöhnlich ganz anders. Bei Bekanntschaften, die heute geschlossen, morgen abgebrochen werden, haben wir ein Wort für jede Gelegenheit in Bereitschaft, aber wie arm ist jegliches Wort für den, bei dem jeder Atemzug Sinn und Gehalt ist.

Angenommen, du willst deinem Freunde, der sich auf eine Reise begibt, Lebewohl sagen, welch anderes äußeres Zeichen kennst du als einen Händedruck? Hast du irgendeine lange Rede oder einen salbungsvollen Spruch für ihn bereit, oder hast du irgendeine Botschaft durch ihn zu senden oder noch irgend etwas zu sagen, was du vergessen hattest? Als ob du irgend etwas vergessen könntest! Nein, es ist schon viel, daß du seine Hand nimmst und Lebewohl sagst. Es könnte auch ganz gut unterbleiben, obschon es die Gewohnheit verlangt.

Es ist sogar peinlich, wenn sich der Abschied hinzieht, da er nun einmal scheiden muß. Wenn er fort muß, soll er schnell gehen. Hast du irgendwelche letzten Worte? Ach, es ist nur das Wort der Worte, das du so lange suchtest und nicht gefunden hast – du hast noch nicht einmal das erste Wort gesprochen. Nur sehr wenige wage ich bei ihrem Vornamen zu nennen. Den Namen aussprechen bedeutet, das Individuum anerkennen, das ihn trägt. Wer mich bei meinem Namen nennen darf, darf sich an mich wenden und hat ein Anrecht auf meine Liebe und meine Dienste.

Man muß die Heftigkeit der Liebe ebenso fürchten wie die des Hasses. Wenn sie dauerhaft ist, ist sie ungetrübt rein, heiter und gleichmäßig. Selbst ihre berühmten Qualen beginnen erst mit dem Nachlassen der Liebe, denn nur wenige sind wirkliche Liebhaber, wenn auch alle es sein möchten. Es ist ein Beweis dafür, daß man zur Freundschaft taugt, wenn man die übliche Leidenschaftlichkeit verschmähen kann.

Wahre Freundschaft ist ebenso besonnen wie zart. Die sie besitzen, folgen ohne Hintergedanken der Führung ihrer Liebe und kennen kein anderes Gesetz und keine andere Vollkommenheit. Sie ist weder ausgelassen noch unvernünftig; was sie einmal gesagt hat, steht vielmehr für immer fest und kann als Muster gelten. Sie offenbart eine edlere Wahrheit, hat bessere und schönere Verkündigungen und wird nie Lügen gestraft. Sie ist eine Pflanze, welche am besten in der gemäßigten Zone gedeiht, wo Sommer und Winter miteinander abwechseln. Der Freund ist ein Stammverwandter und begegnet sich mit dem Freunde auf heimischem Boden, und da sitzen sie nicht auf Teppichen und Kissen, sondern, dem Gesetze der Einfachheit folgend, auf bloßer Erde und Steinen. Sie treffen sich ohne lauten Zuruf und trennen sich ohne lauten Abschiedsschmerz. Ihr Verhältnis setzt Eigenschaften voraus, wie sie die Krieger schätzen, denn es gehört ebensogut Tapferkeit dazu, um die Herzen der Menschen zu öffnen wie die Tore einer Stadt.

Freundschaft ist nicht so liebevoll wie man sich gewöhnlich einbildet; sie ist nicht sehr menschenfreundlich, sondern mißachtet bis zu einem gewissen Grad die Menschen und ihre Gemütserhebungen, Christenpflichten und Rührseligkeiten, während sie wie Elektrizität die Luft reinigt. Oft gibt es die furchtbarste Tragödie zwischen zweien, die unschuldiger und ihren höheren Trieben ergebener sind als die Masse. Man darf sie eine ausgesprochene heidnische Verbundenheit nennen, in ihrem Wesen frei und ungezwungen, mit nur geringer Neigung zur Tugendhaftigkeit. Sie besteht jedoch nicht nur in der höchsten Sympathie, sondern ist eine reine und stolze Gemeinsamkeit, die von jeher als göttergleicher Bund galt, und die, auf sich selbst bedacht, unbedenklich die geringen Rechte und Pflichten der Menschheit mißachtet. Sie erfordert vollkommen makellose und gottähnliche Eigenschaften und besteht nur durch Herablassung von Vorwegnahme entferntester Zukunft. Man liebt nichts, was nur gut, aber nicht schön ist (sofern es dies überhaupt gibt). Die Natur läßt vor der Frucht die Blüte erscheinen, und jene nicht einfach im Blumenkelch wachsen. Tritt der Freund aus seinem Heidentum und Aberglauben, weil er von einem neueren Testament bekehrt ist, vergißt er seine Götterlehre und behandelt seinen Freund wie ein Christ oder wie er es will, dann hört die Freundschaft auf, Freundschaft zu sein, und wird Almosen. Das Mitgefühl und das Prinzip, welches die Armenhäuser begründete, beginnen ihre Mildtätigkeit bei sich selbst und begründen ein Armenhaus mit allem, was dazu gehört.

Die Anzahl nun, welche dieser Bund zuläßt, beginnt auf alle Fälle mit Eins, der edelsten und größten Zahl, die wir kennen, und es muß abgewartet werden, ob die Welt sie vermehren wird und ob Chaucer recht hat, wenn er sagt: »Der Himmel zählt mehr Sterne als ein Paar.« Auf jeden Fall ist wohlbestellt, wer unter tausend einen findet. Wir dürfen unsere Herzensneigung niemandem schenken, wenn wir wissen, daß ein anderer mehr Anspruch auf unsere Liebe hat.

In der Freundschaft bedeutet die Zahl nichts, der Freund zählt seine Freunde nicht an den Fingern her, sie sind nicht zählbar. Je mehr ihrer durch dieses Band umschlossen werden, wirklich umschlossen, desto erlesener und göttlicher ist die Liebe, welche sie verbindet. Ich glaube gern, daß zwischen drei Personen ein ebenso inniges und trautes Verhältnis bestehen kann wie zwischen zweien. Ja, wir können gar nicht zu viele Freunde haben. Denn wir nehmen die guten Eigenschaften, die wir am anderen schätzen, bis zu einem gewissen Grade selber an, so daß wir dahin kommen, jeder Lebenslage gerecht zu werden.

Niedrige Freundschaft hat die Neigung zur Enge und Abgeschlossenheit, indessen eine edle Freundschaft sich nicht auf sich selbst beschränkt; ihre überströmende, uneigennützige Liebe ist vielmehr jene Menschlichkeit, welche die Gesellschaft versöhnt und Fremdes verstehen läßt. Denn mögen ihre Grundlagen auch verborgen sein, so ist sie doch auch eine öffentliche Angelegenheit und dient dem öffentlichen Wohl, wie sich denn ein Freund mehr um den Staat verdient macht als ein Familienvater.

Die einzige Gefahr, welche der Freundschaft droht, ist die, daß sie ihr Ende findet. Sie ist, wenn auch ein heimisches, so doch ein zartes Gewächs. Die geringste Unwürdigkeit, und bliebe sie uns selbst verborgen, schadet ihr. Der Freund bedenke, daß die Fehler, welche er beim Freunde bemerkt, bei ihm selber Fehler hervorrufen. Keine Regel ist sicherer als die, daß der von uns gehegte Verdacht uns selbst verdächtig macht. In unserer Beschränktheit und befangen in Vorurteilen, sagen wir: so und so viel will ich von dir, mein Freund, und nicht mehr. Möglich, daß niemand liebreich und selbstlos, niemand weise, edel und heroisch genug für eine wahre und dauernde Freundschaft ist.

Zuweilen beklagen sich meine Freunde in zarter Weise, daß ich ihre Zartheit nicht genügend würdige. Ich will mich gar nicht auf die Frage einlassen, ob das zutrifft oder nicht. Sie tun jedenfalls gerade so, als ob sie für jede ihrer guten Reden und Taten einen besonderen Dank erwarten könnten. Vielleicht habe ich sie voll und ganz gewürdigt. Doch möglicherweise war das Schweigen der bessere Teil.

Von manchen Dingen spricht man lieber nicht und läßt auch andere darüber schweigen. Unseren höchsten Offenbarungen lauschen wir wortlos. Über unsere edelsten Regungen bleiben wir nicht nur stumm, sondern verbergen sie in einem Meere des Schweigens, um sie nie zu offenbaren. Es kann sein, daß wir einander noch nicht richtig kennen.

Das Tragische im Verkehr der Menschen beginnt nicht beim Mißverstehen von Worten, sondern dann, wenn das Schweigen nicht begriffen wird. Denn da gibt es keine Erklärung. Was nützt es, daß dich jemand liebt, wenn er dich nicht versteht? Solche Liebe ist Fluch.

Was sind das für Freunde, die ewig voraussetzen, daß ihr Schweigen ausdrucksvoller sei als das deine? Wie töricht und rücksichtslos, wie ungerecht, immer sich zu stellen, als sei man allein gekränkt worden! Hat dein Freund nicht ebenfalls Grund zur Klage? Gewiß, meine Freunde reden mich zuweilen vergeblich an, aber sie wissen auch nicht, welche Stimme ich höre, und ahnen nicht, daß sie zu mir sprach.

Ich weiß, daß ich sie oft enttäuscht habe, wenn ich nicht Worte für sie hatte, wo oder wie sie es erwarteten. Jedesmal, wenn ich meinen Freund sehe, spreche ich mit ihm, aber er ist nicht der wirklich Erwartende, der echte Zuhörer. Zuweilen klagen sie auch, ich sei zu hart. O ihr Guten, die ihr das Innere der Kokosnuß da haben möchtet, wo die Schale ist! Wenn ich wieder einmal weinen will, werde ich es euch sagen. Sie fordern Worte und Taten, während ein echter Verkehr ja doch Wort und Tat ist. Wenn sie davon nichts wissen, wie soll man es ihnen beibringen? Wir unterlassen es oft, unsere Gefühle zu zeigen, nicht aus Stolz, sondern aus Furcht, wir möchten fernerhin den nicht mehr lieben können, der von uns einen solch großen Beweis unserer Zuneigung verlangte.

Ich kenne eine Frau von regem und klugem Geiste, der die eigene Bildung am Herzen liegt und die jede Gelegenheit zu deren Förderung benutzt. Es ist mir ein Vergnügen, sie zu besuchen, ich erhalte auch nicht geringe Anregungen durch sie und nehme an, daß auch sie durch den Umgang mit mir gewinnt. Trotzdem erreicht unsere Bekanntschaft nicht den Grad von Vertraulichkeit und Innigkeit, welche das Weib oder vielmehr jeder Mensch anstrebt. Mit Freuden bin ich ihr behilflich, wie sie auch mir behilflich ist. Ihre Bekanntschaft ist mir lieb wie die eines bevorrechtigten Fremden, und ich zögere, sie so oft zu besuchen, wie ihre anderen Freunde es tun. Meine Natur macht hier halt, ich weiß nicht, aus welchen Gründen. Vielleicht verlangt diese Frau nicht das Höchste, das Tiefste von mir. Manche, mit deren Vorurteilen und Steckenpferden ich nicht sympathisiere, flößen mir Vertrauen ein, und ich bin sicher, daß sie auch mir vertrauen, wenigstens so, wie man einem frommen Heiden – einem guten Griechen vertraut.

Ich habe ebenso gefestigte Grundsätze wie sie. Froh wäre ich, wenn diese Frau begreifen könnte, daß ich mich nicht aus Eigensinn zurückhalte, daß ich vielleicht nur so weit mit ihr Umgang haben kann, als unser Geschick es will und unser guter Genius es erlaubt, und daß ich dennoch solchen Verkehr schätze. Ich habe das Gefühl, daß sie mich für oberflächlich, gleichgültig und prinzipienlos hält; sie erwartet nicht mehr, ist aber auch nicht mit weniger zufrieden. Wenn sie wissen könnte, daß ich die höchsten Ansprüche an mich stelle, ebenso wie ich das von allen anderen erwarte, so würde sie einsehen, daß dieser echte, wenn auch beschränkte Umgang unendlich besser ist als ein weniger zurückhaltender, der aber auf falscher Grundlage beruht und so nicht den Keim des Wachstums in sich trägt.

Ich brauche einen Freund, der von mir dasselbe verlangt, was ich verlange. Ein solcher wird immer in rechter Art nachgiebig sein. Es ist Selbstaufgabe und verdirbt die guten Sitten, sich mit weniger zufrieden zu geben. Ich schätze diejenigen und vertraue ihnen, welche mehr mein Streben als mein Vollbringen lieben und loben. Wenn du dich nicht damit begnügst, meine Person zu sehen, sondern auch ergründest, wohin ich blicke und selbst noch weiter siehst, dann kann ich für meine Erziehung deine Gesellschaft nicht entbehren.

Frei sein muß meine Liebe, wie die Schwingen des Adlers, der über Land und Meer in alle Weiten strebt.

Im vollen Saal, inmitten der Gesellschaft, schweift mein Aug' ins Freie: blickt hinaus in die Nacht und folgt dem Zuge der Wolken.

Sei du, mein Freund, kein listiger Vogelsteller, der meiner Flucht den Weg versperrt mit schlau verborgenem Netz!

Sei du vielmehr der schnelle Wind, der mich dahinträgt und mein Segel schwellt, selbst wenn du längst schon fern!

Um deiner Laune willen kann ich meiner Wolken Flug nicht lassen.

Schwingt sich doch echte Liebe bis hinauf ans Firmament.

Wie aber könnt' der Adler je den Freund vergessen, der ihn gelehrt, das Aug' zur Sonne zu erheben?

Nichts ist schwieriger, als einem Freunde in Dingen zu helfen, die nicht den Beistand der Freundschaft, sondern nur einfache, alltägliche Hilfeleistungen verlangen, es sei denn, daß man einander sehr gründlich kennt.

Ich unterhalte mit einem gewissen Manne die freundschaftlichsten Beziehungen, die jedoch nur auf gemeinsamen geistigen Interessen beruhen, während jenem meine praktischen Handfertigkeiten völlig unbekannt sind.

Wenn er nun meine Hilfe erbittet, weiß er gar nicht, mit wem er es zu tun hat, und gebraucht nicht meine Geschicklichkeit, die in solchen Dingen die seine übertrifft, sondern nur meine Hände. Im Gegensatz hierzu kenne ich einen anderen, dessen Unterscheidungsvermögen in dieser Hinsicht hervorragend ist, und der genau versteht, sich der Gaben anderer, die er nicht besitzt, zu bedienen und sich seinen Mann herauszusuchen.

Solchen Menschen zu Dienst zu sein, ist ein seltenes Vergnügen, wie jeder Arbeiter aus Erfahrung weiß. Die andere Art der Behandlung schmerzt mich nicht wenig.

Es ist gerade so, als ob dein Freund dich im guten Glauben nach freundschaftlichstem, edelstem Verkehr als Hammer gebrauchte und einen Nagel mit deinem Kopfe einschlüge, obwohl du kein übler Tischler und auch kein übler Freund bist und mit Vergnügen einen Hammer für ihn schwingen würdest.

Dieser Mangel an Unterscheidungsvermögen ist ein Fehler, den alle Herzenstugenden nicht ersetzen können.

Nur die Weisen aber besitzen diese Gerechtigkeit des Urteils. Denn denen, die nur gut sind, kann man da nicht trauen. Die Guten lassen sich ausnutzen, die Weisen nur sind unbestechlich. Ihnen gehört der höchste Preis. Sie kennen die Guten und lieben sie, wenn sie selbst auch von den Armen im Geiste nicht in gleicher Weise erkannt werden. Ihr Äußeres zwar ist unscheinbar, aber durch ihren weisen Rat gewinnen sie unsere Achtung. Nicht des einzelnen Wohl und Wehe rührt sie – in der Erkenntnis des Alls empfinden sie aller Freude und Leid.

Konfuzius sagt: »Bande der Freundschaft mit jemandem knüpfen, heißt Freundschaft mit seinen Tugenden schließen.« Aber die Menschen verlangen, daß wir auch mit ihren Lastern Freundschaft schließen. Ich habe einen Freund, der von mir verlangt, das als richtig anzusehen, was ich für falsch halte. Wenn aber die Freundschaft mir meine Augen raubt und das Licht verdunkelt, so will ich nichts von ihr wissen. Sie sollte umfassend sein und über alle Begriffe großherzig machen. Echte Freundschaft verträgt echte Wahrheit. Sie ist nicht auf Dunkelheit und Unwissenheit angewiesen. Mangelnde Schärfe des Blicks und der Urteilskraft darf keiner ihrer Bestandteile sein. Wenn ich die Tugenden meines Freundes deutlicher erkenne als die eines anderen, so fallen mir auch seine Fehler als Gegensatz dazu um so stärker auf. Keinen dürfen wir mit vollem Recht so sehr hassen, wie unseren Freund.

Fehler bleiben nicht weniger Fehler, weil ihnen gewöhnlich entsprechende Tugenden das Gleichgewicht halten, und es gibt keine Entschuldigung für einen Fehler, selbst wenn er oft nicht so groß ist, als er erscheint. Und ich habe noch keinen kennengelernt, der wirklich Kritik vertrug, der keiner Schmeichelei zugänglich war, der seinen Richter nicht gegebenenfalls bestochen hätte oder der damit einverstanden gewesen wäre, daß man die Wahrheit mehr lieben müsse als sich selbst.

Wenn zwei Wanderer einträchtig ihre Straße ziehen sollen, so müssen beide die gleiche Anschauung darüber haben, was wahr und richtig ist, andernfalls ihr Pfad nicht mit Rosen bestreut ist. Dagegen kann man bequem und angenehm selbst mit einem Blinden reisen, sofern er nur die gewöhnliche Höflichkeit übt.

Wenn du dich dann mit ihm über die Gegend unterhältst, wirst du daran denken, daß er blind ist und du sehend bist, aber auch nicht vergessen, daß sein Gehör wahrscheinlich durch das Fehlen des Gesichts schärfer wurde. Sonst werdet ihr nicht lange zusammenbleiben. Ein Blinder und einer mit gesunden Augen reisten einmal zusammen; als sie an den Rand eines Abgrundes kamen, rief der Sehende: »Achtung, Freund, hier ist ein jäher Abgrund, gehe nicht weiter.« »Ich weiß es besser«, sagte der andere und schritt zu.

Selbst unserem besten Freunde können wir nicht alles sagen, was wir denken.

Lieber sollen wir ihm für immer Lebewohl sagen, als uns beklagen, denn unsere Klage ist zu tief begründet, um ausgesprochen zu werden. Zwei mögen sich noch so gut verstehen, so wird doch die Bloßstellung des einen durch eine schwere Schuld bei dem anderen eine gewisse Entfremdung hervorrufen, und zwar um so mehr, je schwerer das Vergehen war. Die angeborenen Unterschiede, die stets vorhanden und Hindernisse für eine vollkommene Freundschaft sind, dürfen von Freundeslippen nie erwähnt werden. Es gibt nur den einen Rat, daß man sich als Ganzes nimmt und gelten läßt. Nur Liebe kann da versöhnen. Es ist zu spät, wenn Erklärungen kommen und Unterhandlungen geführt werden, wie mit Feinden. Wer wird für einen Freund die Verteidigung übernehmen? Diese Unterschiede müssen sich entschuldigen, wie Tau und Reif, die vor der Sonne verschwinden und die jeder als wohltätig kennt. Schon die Notwendigkeit selbst einer Erklärung – welche Erklärung kann sie gutmachen?

Echte Liebe streitet nicht wegen Kleinigkeiten, wegen Mißverständnissen, die gegenseitige Bekanntschaft beseitigen kann, sondern nur aus gewichtigen, triftigen, nicht aus der Welt zu schaffenden Gründen, über die man nicht leichten Sinnes hinwegsehen kann, so gering auch der Anlaß erscheinen mag. Wenn die Liebe einmal gehadert hat, geschieht es immer wieder, wenn auch die Strahlen der Zuneigung ständig wieder hervorbrechen, um die Tränen zu vergolden. Verspricht ja auch der Regenbogen, ein wie herrliches, untrügliches Zeichen er auch sein mag, schönes Wetter nicht für immer, sondern nur für kurze Zeit. Ich war mit zwei oder drei Personen recht gut bekannt, und doch war ihr Rat mir nur in alltäglichen und vergänglichen Dingen von Nutzen. Der eine mag Kenntnisse haben, die ein anderer nicht hat, aber damit, daß ein Rat gut gemeint ist, hat er noch nicht das, was nötig ist, damit er auch Nutzen bringe. Wir müssen uns nehmen, wie wir sind, oder uns meiden. Ich könnte eher eine Hyäne zähmen als meinen Freund. Er besteht aus einem Stoffe, den keines meiner Werkzeuge bearbeiten kann. Ein nackter Wilder kann mit einem Feuerbrand eine Eiche fällen und sich aus Stein ein Beil schleifen, indessen ich auch nicht den kleinsten Span aus dem Charakter meines Freundes heraushauen kann, weder im guten noch im schlechten Sinne.

Schließlich erfährt der Liebende, daß niemand ganz zu durchschauen und zuverlässig sei, sondern daß jeder einen Teufel in sich trägt, der am Ende zu jedem Verbrechen fähig ist.

Indessen bemerkt ein orientalischer Philosoph: »Wenn auch die Freundschaft zwischen guten Menschen gestört wird, so bleibt ihr Wesen unverändert. Der Stengel des Lotus kann geknickt werden, aber seine Fasern hängen noch zusammen.«

Unwissenheit und Ungeschicklichkeit in der Liebe sind besser als Weisheit und Geschicklichkeit ohne Liebe. Es mag Höflichkeit, Witz und gute Laune, geistsprühende Unterhaltungsgabe vorhanden sein, selbst guter Wille – und doch erwarten die menschlichsten und göttlichsten Gaben vergeblich Betätigung. Ohne Liebe ist unser Leben wie Schlacken und Asche. Ein Mensch mag rein wie Alabaster und parischer Marmor, bezaubernd wie eine toskanische Villa, erhaben wie der Niagara sein, ist aber seinem Weine nicht die Milch der Freundschaft beigemischt, so muß man die Gastlichkeit von Goten und Vandalen vorziehen.

Mein Freund gehört keinem fremden Volke und keiner fremden Familie an, sondern ist Fleisch von meinem Fleische, Bein von meinem Beine. Er ist mein natürlicher Bruder und strebt wie ich dem Jenseits zu. Wir leben nicht weit voneinander. Hat nicht das Schicksal uns auf vielfache Weise miteinander verbunden? Es ist nicht ohne Bedeutung, daß wir so lange das Brot miteinander teilten, aus derselben Quelle tranken, Sommer und Winter dieselbe Luft atmeten, dieselbe Hitze und Kälte fühlten, daß uns dieselben Früchte labten und daß wir nur gleiche Gedanken hegten!

Jeden Tag erglänzt der Natur ihr Morgenrot – mir wird's nur selten zuteil.

Doch ich bin's zufrieden: denn schöner als das Morgenrot der Sonne ist das Morgenrot meiner Phantasie.

Wenn meine Sonne aufgeht, so erscheint die sonnenüberglänzte Landschaft dunkel selbst am Mittag.

Zuweilen sonn' ich mich im Tageslicht und halte Zwiesprache mit den Gefährten. Doch was ist die Glut jener Sonne gegen die Blitze unseres Geistes?

Steige ich im Zwiegespräch zur Höhe der Schau empor, so tagt uns ein schönerer Morgen, als je die Sonne ihn bereiten kann.

Als ob zwei Sommertage zu einem würden, zwei Sonnentage in einen zerflössen, so schaffen unsere Geistesfunken eine Sonne, die herrlich alles überstrahlt.

So sicher wie der Sonnenuntergang des verflossenen November mich in eine überirdische Welt versetzt und mich an den hellen Morgen der Jugendzeit erinnert hat, so sicher wie der letzte Ton der Musik, der mein schwächer werdendes Ohr trifft, auch das Alter mich vergessen läßt, so sicher soll, während die mannigfaltigen Einflüsse der Natur im Laufe unseres natürlichen Lebens enden, mein Freund für immer mein Freund sein und einen Strahl Gottes in mir widerspiegeln; und die Zeit soll unsere Freundschaft pflegen, schmücken und weihen wie Ruinen von Tempeln. Wie ich die Natur liebe, die Singvögel, das weite Stoppelfeld und fließende Bäche, Morgen und Abend, Sommer und Winter, so liebe ich dich, mein Freund.

Aber alles, was über die Freundschaft gesagt werden kann, ist wie die Lehren der Botanik im Vergleich zu den lebenden Blumen. Wie kann der Verstand ihre Schönheit erklären!

Selbst der Tod der Freunde wird uns beeinflussen wie ihr Leben.

Sie trösten die Trauernden, wie die Reichen Geld hinterlassen, um die Bestattungskosten zu decken, und das Gedächtnis an sie ist umsponnen mit erhabenen und angenehmen Gedanken wie die Denkmäler jener mit Moos.

Dies alles aber sage ich unseren cis-alpinen und cis-atlantischen Freunden.

Für die große und achtungswerte Nation der Bekanntschaften jenseits der Berge habe ich dann folgende Bitte und folgenden Rat: »Meinen Gruß zuvor!

Durchlauchtigste und edle Nachbarn! Sehen wir zu, daß wir den denkbar größten Vorteil voneinander haben. Laßt uns, wenn wir nicht vortrefflich sein können, einander wenigstens nützlich sein. Ich weiß, daß die Berge, welche uns trennen, hoch und mit ewigem Schnee bedeckt sind, aber verzweifelt nicht! Benutzt das heitere Winterwetter, um sie zu erklimmen. Wenn nötig, glättet die Felsen mit Essig. Denn hier liegen schon die lachenden Gefilde Italiens, bereit, Euch zu empfangen.

Auch ich werde auf meiner Seite nicht müßig bleiben, zu Eurer Provence vorzudringen. Treffet ordentlich Kopf, Herz oder sonst ein edles Organ! Verlaßt Euch darauf, ich bin aus hartem Holze geschnitzt, der Balken ist gut ausgetrocknet, zäh und stark und verträgt einen Puff, und sollte er zerbrechen, so gibt es dort, woher er genommen, seiner noch genug. Ich bin nicht wie die Töpferware, die nicht aneinanderstoßen darf, weil sie sonst Sprünge bekäme und bis zum Ende ihrer Tage häßlich mißtönend erklingen müßte, sondern wie die altmodischen hölzernen Anrichtebretter, die heute oben am Tisch aufgestellt sind, morgen als Melkschemel und ein andermal als Kindersitz dienen, und die, wenn sie schließlich zu Grabe gehen, mit ehrenhaften Schrammen bedeckt sind und nicht eher sterben, als bis man sie ganz verbraucht hat. Nur Stumpfsinn ist einem ordentlichen Kerl zuwider. Bedenkt, was für Nackenschläge man in seinem Leben erhalten hat! Vielleicht ist man in eine Pferdeschwemme gefallen, hat nichts als Süßwassermuscheln zu essen gehabt oder dasselbe Hemd eine Woche ungewaschen tragen müssen. Freilich kann man keinen Schlag bekommen, ohne daß man sich in einem Zustand befindet, der den Schlag anzieht. Gebraucht mich also, denn ich bin in meiner Art nützlich und bin einer von vielen Bittstellern, vom Bilsenkraut und Fliegenpilz angefangen bis zur Georgine und zum Veilchen, die darum bitten, verwandt zu werden, wenn Ihr mich für verwendbar haltet, sei es als Medizin oder Ingredienz für ein Bad, als Balsam und Lavendelöl, oder als Parfüm, wie das Eisenkraut und den Storchschnabel, oder als Ergötzung für das Auge, wie die Kakteen, oder als Erinnerung, wie die Stiefmütterchen – zu bescheidenem Gebrauch also, wenn nicht zu edlerem Nutzen. Und auch Euch, Ihr Lieben, die Ihr mir fremd seid, und Euch, meine Feinde, möchte ich nicht vergessen. Auch Euch kann ich willkommen heißen. Denn von unseren Feinden haben wir nichts zu befürchten. Gegen sie unterhält Gott ein stets bereites Heer, aber gegen unsere Freunde, diese grausamen Vandalen, haben wir keine Verbündeten.

Gestattet, daß ich zeichne als

Euer
stets ergebener
Diener.«

Friedrich Nietzsche

Vom Freunde

»Einer ist immer zu viel um mich« – also denkt der Einsiedler. »Immer einmal eins – das gibt auf die Dauer zwei!«

Ich und Mich sind immer zu eifrig im Gespräche: wie wäre es auszuhalten, wenn es nicht einen Freund gäbe?

Immer ist für den Einsiedler der Freund der Dritte: der Dritte ist der Kork, der verhindert, daß das Gespräch der Zweie in die Tiefe sinkt.

Ach, es gibt zu viele Tiefen für alle Einsiedler. Darum sehnen sie sich so nach einem Freunde und nach seiner Höhe.

Unser Glaube an andre verrät, worin wir gerne an uns selber glauben möchten. Unsre Sehnsucht nach einem Freunde ist unser Verräter.

Und oft will man mit der Liebe nur den Neid überspringen. Und oft greift man an und macht sich einen Feind, um zu verbergen, daß man angreifbar ist.

»Sei wenigstens mein Feind!« – so spricht die wahre Ehrfurcht, die nicht um Freundschaft zu bitten wagt.

Will man einen Freund haben, so muß man auch für ihn Krieg führen wollen: um Krieg zu führen, muß man Feind sein *können*.

Man soll in seinem Freunde noch den Feind ehren. Kannst du an deinen Freund dicht herantreten, ohne zu ihm überzutreten?

In seinem Freunde soll man seinen besten Feind haben. Du sollst ihm am nächsten mit dem Herzen sein, wenn du ihm widerstrebst.

Du willst vor deinem Freunde kein Kleid tragen? Es soll deines Freundes Ehre sein, daß du dich ihm gibst, wie du bist? Aber er wünscht dich darum zum Teufel!

Wer aus sich kein Hehl macht, empört: so sehr habt ihr Grund, die Nacktheit zu fürchten! Ja, wenn ihr Götter wäret, da dürftet ihr euch eurer Kleider schämen!

Du kannst dich für deinen Freund nicht schön genug putzen: denn du sollst ihm ein Pfeil und eine Sehnsucht nach dem Übermenschen sein.

Sahst du deinen Freund schon schlafen – damit du erfahrest, wie er aussieht? Was ist doch sonst das Gesicht deines Freundes? Es ist dein eignes Gesicht, auf einem rauhen und unvollkommnen Spiegel.

Sahst du deinen Freund schon schlafen? Erschrakst du nicht, daß dein Freund so aussieht? Oh, mein Freund, der Mensch ist etwas, das überwunden werden muß.

Im Erraten und Stillschweigen soll der Freund Meister sein: nicht alles mußt du sehn wollen. Dein Traum soll dir verraten, was dein Freund im Wachen tut.

Ein Erraten sei dein Mitleiden: daß du erst wissest, ob dein Freund Mitleiden wolle. Vielleicht liebt er an dir das ungebrochene Auge und den Blick der Ewigkeit.

Das Mitleiden mit dem Freunde berge sich unter einer harten Schale, an ihm sollst du dir einen Zahn ausbeißen. So wird es seine Feinheit und Süße haben.

Bist du reine Luft und Einsamkeit und Brot und Arznei deinem Freunde? Mancher kann seine eignen Ketten nicht lösen und doch ist er dem Freunde ein Erlöser.

Bist du ein Sklave? So kannst du nicht Freund sein. Bist du ein Tyrann? So kannst du nicht Freunde haben.

Allzulange war im Weibe ein Sklave und ein Tyrann versteckt. Deshalb ist das Weib noch nicht der Freundschaft fähig: es kennt nur die Liebe.

In der Liebe des Weibes ist Ungerechtigkeit und Blindheit gegen alles, was es nicht liebt. Und auch in der wissenden Liebe des Weibes ist immer noch Überfall und Blitz und Nacht neben dem Lichte.

Noch ist das Weib nicht der Freundschaft fähig: Katzen sind immer noch die Weiber, und Vögel. Oder, besten Falles, Kühe.

Noch ist das Weib nicht der Freundschaft fähig. Aber sagt mir, ihr Männer, wer von euch ist denn fähig der Freundschaft?

O über eure Armut, ihr Männer, und euren Geiz der Seele! Wieviel ihr dem Freunde gebt, das will ich noch meinem Feinde geben, und will auch nicht ärmer damit geworden sein.
Es gibt Kameradschaft: möge es Freundschaft geben!

Also sprach Zarathustra.

Von der Nächstenliebe

Ihr drängt euch um den Nächsten und habt schöne Worte dafür. Aber ich sage euch: eure Nächstenliebe ist eure schlechte Liebe zu euch selber.
Ihr flüchtet zum Nächsten vor euch selber und möchtet euch daraus eine Tugend machen: aber ich durchschaue euer »Selbstloses«.
Das Du ist älter als das Ich; das Du ist heilig gesprochen, aber noch nicht das Ich: so drängt sich der Mensch hin zum Nächsten.
Rate ich euch zur Nächstenliebe? Lieber noch rate ich euch zur Nächsten-Flucht und zur Fernsten-Liebe!
Höher als die Liebe zum Nächsten ist die Liebe zum Fernsten und Künftigen; höher noch als die Liebe zu Menschen ist die Liebe zu Sachen und Gespenstern.
Dies Gespenst, das vor dir herläuft, mein Bruder, ist schöner als du; warum gibst du ihm nicht dein Fleisch und deine Knochen? Aber du fürchtest dich und läufst zu deinem Nächsten.
Ihr haltet es mit euch selber nicht aus und liebt euch nicht genug: nun wollt ihr den Nächsten zur Liebe verführen und euch mit seinem Irrtum vergolden.
Ich wollte, ihr hieltet es nicht aus mit allerlei Nächsten und deren Nachbarn; so müßtet ihr aus euch selber euren Freund und sein überwallendes Herz schaffen.
Ihr ladet euch einen Zeugen ein, wenn ihr von euch gut reden wollt; und wenn ihr ihn verführt habt, gut von euch zu denken, denkt ihr selber gut von euch.
Nicht nur der lügt, welcher wider sein Wissen redet, sondern erst

recht der, welcher wider sein Nichtwissen redet. Und so redet ihr von euch im Verkehre und belügt mit euch den Nachbar.

Also spricht der Narr: »Der Umgang mit Menschen verdirbt den Charakter, sonderlich wenn man keinen hat.«

Der eine geht zum Nächsten, weil er sich sucht, und der andre, weil er sich verlieren möchte. Eure schlechte Liebe zu euch selber macht euch aus der Einsamkeit ein Gefängnis.

Die Ferneren sind es, welche eure Liebe zum Nächsten bezahlen; und schon wenn ihr zu fünfen miteinander seid, muß immer ein sechster sterben.

Ich liebe auch eure Feste nicht: zuviel Schauspieler fand ich dabei, und auch die Zuschauer gebärdeten sich oft gleich Schauspielern.

Nicht den Nächsten lehre ich euch, sondern den Freund. Der Freund sei euch das Fest der Erde und ein Vorgefühl des Übermenschen.

Ich lehre euch den Freund und sein übervolles Herz. Aber man muß verstehn, ein Schwamm zu sein, wenn man von übervollen Herzen geliebt sein will.

Ich lehre euch den Freund, in dem die Welt fertig dasteht, eine Schale des Guten – den schaffenden Freund, der immer eine fertige Welt zu verschenken hat.

Und wie ihm die Welt auseinanderrollte, so rollt sie ihm wieder in Ringen zusammen, als das Werden des Guten durch das Böse, als das Werden der Zwecke aus dem Zufalle.

Die Zukunft und das Fernste sei dir die Ursache deines Heute: in deinem Freunde sollst du den Übermenschen als deine Ursache lieben.

Meine Brüder, zur Nächstenliebe rate ich euch nicht: ich rate euch zur Fernsten-Liebe.

Also sprach Zarathustra.

Khalil Gibran

Die Geschichte eines Freundes

I

Ich kannte ihn als einen Jüngling, der verloren schien auf den Pfaden des Lebens. Er war angetrieben von wildem Verlangen, und indem er seine Wünsche zu erfüllen suchte, folgte er dem Tod. Ich kannte ihn als eine zarte Blume, die von der Tollkühnheit zum Meer der Lüsternheit getragen wurde.

Ich wußte, daß er im Dorf als krankhaft veranlagtes Kind galt, das mit grausamer Hand die Nester der Vögel zerstörte, ihre Jungen tötete und die schönen Köpfe der duftenden Blumen mit seinen Füßen zertrampelte.

Ich wußte, daß er während seiner Schulzeit ein Knabe war, der das Lernen verabscheute und als ein Feind des Friedens angesehen wurde.

Ich wußte, daß er als junger Mann in der Stadt die Ehre seines Vaters in Verruf brachte, sein Geld in lasterhaften Häusern verpraßte und sich seinen Verstand vom Weine umnebeln ließ.

Aber dennoch liebte ich ihn; und meine Liebe zu ihm war eine Mischung aus Trauer und Zuneigung. Ich liebte ihn, weil seine Sünden nicht einem beschränkten Geist entsprangen, sondern eher die Taten einer verlorenen und verzweifelten Seele waren.

Der Geist, mein geliebtes Volk, irrt ungern vom Pfad der Weisheit ab, und er kehrt bereitwillig auf ihn zurück; aber wenn die Stürme der Jugend Sand und Staub aufwirbeln, sind die Augen oft für eine Weile blind.

Ich liebte diesen Jüngling, denn ich sah, wie die Taube seines Gewissens mit dem Falken seiner bösen Veranlagung kämpfte. Und ich sah, daß die Taube nicht aus Angst unterlag, sondern wegen der Stärke ihres Feindes.

Das Gewissen ist ein gerechter, aber ein schwacher Richter. Diese Schwäche veranlaßt es, sein Urteil ohne Kraft auszuführen.

Ich sagte, daß ich ihn liebte. Und Liebe erscheint in vielerlei Gestalten: einmal als Weisheit, ein anderes Mal als Gerechtigkeit und oftmals als Hoffnung. Meine Liebe zu ihm wurde durch die Hoffnung, daß das Licht in ihm über die Dunkelheit triumphieren möge, aufrechterhalten. Doch ich wußte nicht, wann und wo das Dunkel seiner Seele sich in Reinheit kehren würde, seine Grausamkeit in Sanftmut und sein Leichtsinn in Weisheit. Der Mensch weiß nicht, auf welche Weise sich seine Seele von der Knechtschaft des Materiellen befreit, bis zu dem Tag, an dem sie frei wird. Erst beim Anbruch der Morgendämmerung weiß er, wie die Blumen lächeln.

II

Tage und Nächte vergingen, und ich gedachte voll Trauer des Jünglings. Ich wiederholte seinen Namen mit einer Innigkeit, die mein Herz bluten ließ. Gestern aber kam ein Brief von ihm, in dem stand geschrieben: »Komm zu mir, mein Freund, denn ich möchte Dich mit einem jungen Mann zusammenbringen, dessen Bekanntschaft Dein Herz erfreuen und deine Seele erquicken wird.«

Ich sagte: »Ach! Hat er die Absicht, seine traurige Freundschaft jemandem angedeihen zu lassen, der ihm gleicht? Ist er nicht schon allein ein hinreichendes Beispiel für die Welt des Irrtums und der Sünde? Will er seine Missetaten jetzt mit einem Gefährten weitertreiben, so daß ich sie in doppelter Schwärze sehe?«

Aber ich sagte mir: »Ich muß hingehen. Vielleicht läßt die weise Seele an Brombeersträuchern Feigen reifen, und das liebende Herz filtert Licht aus der Dunkelheit.« Als die Nacht kam, fand ich ihn allein in seinem Zimmer, ein Buch mit Gedichten lesend. »Wo ist dein neuer Freund?« fragte ich, und er antwortete: »Hier ist er« und deutete auf sich. Er zeigte eine Ruhe, wie ich sie noch nie zuvor an ihm gesehen hatte. In seinen Augen konnte ich ein strahlendes Licht wahrnehmen, das mir bis ins Herz drang. Diese Augen, in denen ich einst Grausamkeit gesehen hatte, leuchteten jetzt voll Güte. Und er sprach mit einer mir bislang unbekannten Stimme: »Der Jüngling, den du während seiner Kindheit kanntest und mit dem du in die Schule gingst, ist tot. Und bei seinem Tode wurde ich geboren. Ich bin dein neuer Freund, nimm meine Hand.«

Als ich sie ergriff, spürte ich die Anwesenheit eines sanften Geistes, der seine Adern durchpulste. Seine einst eiserne Hand war sanft und freundlich geworden. Und die Finger, die gestern noch wie die Pranken eines Tigers zuschlugen, streichelten heute das Herz.

Daraufhin sagte ich: »Wer bist du, und was ist geschehen? Wie bist du der geworden, der du jetzt bist? Ist der Heilige Geist in dein Herz getreten und hat deine Seele gesegnet? Oder spielst du nur eine Rolle, welche die Erfindung eines Dichters ist?«

Er aber sprach: »Ja, mein Freund, der Geist stieg herab und segnete mich. Eine große Liebe hat aus meinem Herzen einen Altar gemacht. Es ist eine Frau, mein Freund, eine Frau, von der ich gestern noch dachte, sie sei nur ein Spielzeug in der Hand des Mannes. Sie hat mich aus der Dunkelheit der Hölle erlöst und mir die Tore des Paradieses geöffnet – und ich bin eingetreten. Eine wahrhaftige Frau hat mich an den Jordan ihrer Liebe geführt und hat mich getauft. Die Frau, deren Schwester ich aus Dummheit verachtete, hat mich auf den Thron der Herrlichkeit gehoben. Die Frau, deren Freundschaft ich mit meiner Schlechtigkeit in den Schmutz zog, hat mein Herz mit ihrer Liebe gereinigt. Die Frau, deren Wesensart ich mit meines Vaters Gold versklavte, hat mich mit ihrer Schönheit befreit. Die Frau, die durch die Stärke ihres Willens Adam aus dem Paradies trieb, hat durch ihre Zärtlichkeit und meine Bereitschaft mich in dieses Paradies zurückgeführt.«

Das höchste Gut

Die anschließenden Texte sind unter dem Gesichtspunkt einer spirituellen Anthropologie zusammengetragen, wobei deutlich wird, daß Freundschaft mit fortlaufender Geschichte immer mehr in ein Wir-Gefühl, aus dem ein tatsächliches Wir-Bewußtsein entsteht, münden wird. Der von Safi Nidiaye »gechannelte« Text zeigt, wie sehr dieses Wir-Bewußtsein in der heutigen Welt notwendig ist. In einer Gesellschaft mit ausgeprägtem Egoismus wie der unseren gibt es zum Wir-Bewußtsein keine Alternative. Da die Welt in toto so kompliziert geworden ist, daß der einzelne sie weder verstehen noch bewältigen kann, bleibt uns nur die Chance, *gemeinsam* die anstehenden Aufgaben zu lösen, *gemeinsam* den Anforderungen des modernen Lebens zu begegnen.

Sam Keen

Freundschaft und Freiheit

Freundschaft (*philia*) bildet die dritte Schicht im Körper des Liebenden. Sie ist der Geburtsort der Freiheit. Durch die *philia* lernt der
Liebende Selbstüberschreitung, Geist und Freiheit kennen.

Die Familienbande waren uns auferlegt. Wir hatten nicht die Freiheit, unsere Eltern, Geburtsreihenfolge oder Geschwister auszu-
suchen. Wir treten das Leben mit einem biologischen Schicksal an, in
dem fast alles notwendig, nur wenig frei ist. Selbst wenn wir gegen die
Familienbande rebellieren und versuchen, sie zu durchtrennen, gelingt uns das niemals ganz und gar. Wie Howard Thurman einmal
sagte: »Die Bindungen, die uns am stärksten festhalten, sind jene, die
wir durchbrochen haben.«

Das Band der Freundschaft dagegen ist frei gewählt. Obwohl es
Kulturen gibt, in denen Freundschaften und Ehen von den Eltern
gestiftet werden, sind diese nur dann dauerhaft, wenn sie zu reichen
und freien Beziehungen aufblühen. In der Freundschaft erheben wir
uns über das biologische Schicksal. Der Eros legt seine Schwingen
an und zeigt seine wahre Natur als die *Macht des Überschreitens*,
die innerhalb des menschlichen Geistes schlummert. Mit unseren
Liebhabern und Ehepartnern kämpfen wir, aber mit unseren Freunden ist das Leben einfach. Wir verstricken uns in Gespräche, die bis
spät in die Nacht dauern. Wir enthüllen unsere tiefsten Empfindungen. Unsere Worte fließen zusammen. Ein Vertrauen nährt das andere. Gerade weil Freundschaften geschlossen werden, wenn zwei
Menschen durch wechselseitiges Wohlgefallen und nicht durch ein
wahnsinniges, leidenschaftliches, biologisch angetriebenes Bedürfnis voneinander angezogen werden, sind sie gewöhnlich regelmäßi-
ger und dauerhafter als die Romanze.

In der Freundschaft werden wir durchsichtig; und durch die Selbstenthüllung lernen wir uns kennen. Unsere sozialen Rollen spielen wir vor einem Publikum von Verwandten und Autoritäten, aber die Geheimnisse, die den Schlüssel zu unseren tiefsten Empfindungen enthalten, verraten wir nur den uns nahestehenden Seelen. In der Freundschaft zeigt das Paradox der Liebe eine weitere seiner Facetten: Persönliche Identität gewinne ich nur in Anwesenheit eines anderen, mit dem ich mein Selbst teile.

Freundschaft lehrt uns auch die Disziplin der Unterscheidung. Ich bin nicht jedermanns Freund. Freundschaft hat etwas Exklusives. Nicht weniger als die Ehe beruht Freundschaft auf einem Gelübde und einer Verpflichtung, die verlangen, daß ich viele ausschließe, um *einen* einzubeziehen. Reife Freundschaft muß gehegt und gepflegt werden. Ich komme mit meinem Freund zusammen, verbringe Zeit mit ihm, lasse mir unbestimmt viele Stunden offen, um seine Gesellschaft zu genießen. Wir laden nicht jeden vorüberkommenden Fremden zu unserer Freundschaft ein. Unsere gemeinsame Zeit ist begrenzt. Im Laufe eines Lebens haben wir eine Vielzahl von Bekannten, aber nur eine Handvoll wahrer Freunde.

Freundschaft existiert als ein Zufluchtsort, der zwischen der privaten Welt der Familie, den Vieldeutigkeiten der sexuellen Liebe und der öffentlichen Welt von Gemeinschaft und Politik angesiedelt ist. Wir träumen vom Aufbau einer Gesellschaft, die nur aus Freunden besteht. In der Hoffnung träumen wir, einander Philadelphier sein zu können, Einwohner einer Stadt der brüderlichen Liebe. Aber das Ideal zerbricht, und das zu Recht, weil es ein falsches Ideal ist. Freundschaft ist gerade deshalb ein Zufluchtsort, weil wir in ihr *mehr* und *anders* sein können als das Schicksal, mit dem wir in der Familie zu kämpfen haben, oder als die Rollen, die wir annehmen müssen, um in die Vertragsordnung der Gesellschaft eintreten zu können. Für meinen Freund bin ich weder Vater noch Kaufmann oder Bürger. Ich bin ausschließlich ich selbst. Der Wert der Freundschaft liegt darin, daß sie von den Regeln der Nützlichkeit und von den Kompromissen ausgenommen ist, die wir als Bürger freiwillig schließen. Mit meinem Freund teile ich meine asozialen, häretischen, hochverräterischen, antisozialen, tabuisierten oder anstößigen Ideen, Visionen und Empfindungen.

Freundschaft befreit uns auch für einen Augenblick von der süßen Bürde der Sexualität. Es ist nirgends leichter, das Erotische mit dem Sexuellen zu verwechseln und zu identifizieren als in der Freundschaft, besonders wenn sie zwischen Menschen unterschiedlichen Geschlechts besteht. Wir sind voneinander angezogen. Der Sog ist unwiderstehlich. Natürlich haben wir die Phantasie und den Drang, Philia und Libido zu vereinigen. Wäre es nicht herrlich, wenn unser bester Freund auch unsere leidenschaftlichste Liebe sein könnte? Aber die Erfahrung zeigt, daß es selten möglich ist. Die Forderungen der genitalen Sexualität und der Freundschaft überschneiden einander, vermischen sich aber oft nicht gut. Heutzutage, in den schwarzen Zeiten der Freundschaft, behaupten Ehemänner und Ehefrauen oder Liebhaber oft, sie seien einander auch die besten Freunde. Ich vermute aber, daß dies eher einen Niedergang der Freundschaft als einen Fortschritt der Ehe signalisiert. Die Bindungen der familiären und sexuellen Liebe haben ihre eigene spezielle Würze – einen warmen, intimen, gemischten Beigeschmack von Biologie und freier Wahl. Der stärkste Reiz der Freundschaft ist, daß sie uns von den Notwendigkeiten entbindet, die uns durch Biologie und Politik auferlegt ist. Innerhalb der Freundschaft kommt eine Beziehung zustande, deren einziger Zweck darin besteht, genossen zu werden. Wahrscheinlich sind wir deshalb bereit, genitale Lust zu opfern und die Würden der Freundschaft zu genießen, weil es selten und kostbar ist, uns selbst als zweckfrei und wundervoll kennenzulernen.

Wenn Männer und Frauen die Fähigkeit zur Freundschaft verlieren, dann sind sie in einer inzestuösen Familie eingekapselt oder folgen der Illusion romantischer Liebe oder verkaufen sich mit Haut und Haaren an ein Unternehmen oder geben ihre Einmaligkeit für die Sicherheit einer tyrannischen politischen Ordnung hin, die das, was ehemals ihre Seele war, mit einer offiziellen Ideologie kolonisiert. Freundschaft ist das sicherste Gegenmittel gegen Selbstbetrug und politische Tyrannei, das wir überhaupt haben. Freunde legen Zeugnis davon ab, daß im Innersten jedes einzelnen von uns etwas ist, das sich niemals durch eine offizielle Ideologie oder Doktrin definieren oder von irgendeiner Institution vereinnahmen läßt. Unsere Weite und Unausschöpflichkeit können wir nur erahnen, wenn wir von unseren Freunden ohne Bedingungen, Einschränkungen, ohne

Wenn und Aber, mit allen Warzen, Falten, Wunden und, vielleicht, Heiligenscheinen akzeptiert werden.

Philia scheint auf den ersten Blick die bescheidenste aller Formen der Liebe zu sein. Sie ist so ruhig wie eine gemeinsame Tasse Tee oder ein gemeinsames Glas Bier. Zwischen Männern und Frauen, die lange zusammenleben, ist sie so friedlich, daß sie fast der Aufmerksamkeit entgeht. Sie ist ein gemeinsames Gespräch. Nicht das Anbellen des Vollmondes. Nicht die dämonische Explosion widersprüchlicher Leidenschaften. Freundschaft macht *gentlewomen* und *gentlemen* so offen und furchtlos, daß sie im täglichen Umgang geben und nehmen können. Ihr fehlen die romantischen Verzierungen; sie verlangt keine schönen Partner. Oder Jugend. Ja, sie ist der Trost derjenigen, die sonst nichts haben. Und wenn sie stark genug ist, brauchen wir kaum etwas anderes – außer Brot und ein Dach überm Kopf.

Blickt man aber tiefer, dann erkennt man in der Freundschaft das Prinzip, das es uns erlaubt, die Grausamkeiten des Schicksals zu ertragen und doch menschlich zu bleiben. Isak Dinesen sagt: »Man kann alle Sorgen ertragen, wenn man sie in eine Geschichte steckt.« Geschichten erzählen ist das Herz der Freundschaft. (Der Aufstieg des Romans – die Veröffentlichung der Geschichte – und später des Kinos steht im direkten Verhältnis zum Niedergang der Freundschaft. Wir lesen oder sehen die Geschichten anderer und hoffen, unsere eigene zu finden, eine Hoffnung, die vergeblich ist, solange wir keine Freunde haben.) Das erinnert mich an eine Frau aus Israel, mit der ich kürzlich gearbeitet habe und die Schwierigkeiten mit dem Atmen hatte. Während unseres Gesprächs sah ich die auf ihren Unterarm tätowierte, verblaßte, blaue Konzentrationslagernummer. Als sie mir ihre Geschichte erzählte, hustete und weinte sie abwechselnd. »Wann haben Ihre Atemschwierigkeiten angefangen?« fragte ich sie. »Als meine Freundin vor zwei Jahren starb«, erwiderte sie. »Als sie noch lebte, konnten wir über alles sprechen. Obwohl sie nicht im Lager war, verstand sie mich. Jetzt habe ich niemanden mehr. Und die Alpträume verfolgen mich. Ich kann in dem Haus nicht alleine schlafen. Ich weiß, wenn ich weiterleben will, muß ich eine neue Freundin finden.«

Einer der Grundsteine für eine erotische Philosophie ist der philharmonische Sinn für das Selbst, der die Erfahrung der Freundschaft begleitet. Wenn ich einen Freund wähle, übe ich meine Freiheit aus. Ich überschreite meine Einsamkeit, Selbstverkapselung, Paranoia und meinen Narzißmus. Ich begegne einem Fremden, der in keiner Hinsicht ein Feind ist. Wir genießen eine Beziehung, die zu sein scheint, »wie es gemeint war«. Indem wir die Worte und die Form unserer Beziehung gestalten, scheinen wir von irgendeiner prästabilisierten Harmonie bewegt zu sein. Da ich mich in der vermittelnden Anwesenheit meines Freundes selbst kennenlerne, bin ich ein philharmonisches Wesen. Ich bin in den Rhythmen und Harmonien der Freundschaft verkörpert.

Daniel Berrigan

Liebet eure Feinde – liebet einander

Kein Zweifel, die beiden Gebote »Liebet eure Feinde« und »Liebet einander« unterscheiden sich in fast jeder Hinsicht. Sie wurden bei verschiedenen Anlässen ausgesprochen, galten verschiedenen Zuhörern.

Da ist das Gebot, aus Feinden Freunde zu machen, geäußert im Verlauf einer langen »Predigt« voller Beispiele, Andeutungen, Ironien, unerwarteten Wendungen und Geistesblitzen, aber auch unerbittlich und endgültig.

Andererseits ein ganz anderes Gebot: aus Freunden noch bessere Freunde zu machen. Und dieses Gebot kennzeichnet eine Stunde großen Ernstes, ist Vermächtnis an ein paar Freunde, an einen kleinen Kreis von ihnen. Er steht an der Seite derer, die an der seinen stehen bis zum Ende. (Das ist allerdings eine Annahme, wobei das Ende in seinem Fall ganz anders aussieht.)

Im Blick auf die Feindesliebe deutet das Gebot an, daß Menschen, die einst unter dem Anspruch der Welt standen, zur Veränderung gerufen sind. Der Anspruch der Welt ist außer Kraft gesetzt. Die Szene (jedenfalls wie sie uns geschildert wird) ist ein Berg, eine Menschenmenge, Freunde und Fremde, ja sogar Feinde, wahllos verstreut, ein Zufallswurf des Schicksals, eine Menge. Aufmerksam oder auch nicht, zueinander gehörig oder bewußt auf Distanz, der Anlaß ihrer Zusammenballung alles andere als gesellig im normalen Sinn. Die magnetische Kraft, die sie zusammenbringt, ist ganz einfach die Anwesenheit eines Rabbi, der anzieht und heilt, der sagt, was er denkt, kraftvoll und gewaltig.

»Ich will euch Freunde nennen.« Es wird uns berichtet, daß die, die an seinem letzten Abend zusammenkamen, wirklich zu einer engeren Bruderschaft zusammenwuchsen, nicht leicht freilich und nicht billig. Zunächst verließen sie ihn, verrieten sie ihn und leugneten, ihn zu kennen, flohen in alle Himmelsrichtungen, wie es ihnen ihr feiges Herz eingab.

Die Freundschaft, zu der er sie eingeladen hatte, hatte ihren Preis. Es war eine Freundschaft, die nicht von dieser Welt war. Sein Tod war sein Preis, und davor schraken sie entsetzt zurück, ließen ihn gewähren, waren schweigend einverstanden. Man berichtet uns, daß sie schließlich wieder unter sich zusammenkamen. Bei seinem Sterben aber waren sie kein Trost.

Was uns und unsere Feinde betrifft, so gibt es da eine längere und blutigere Geschichte – bis heute ist sie mit Blut beschmiert.

Wir wollen nur festhalten, daß trotz allem der Feind der Feind bleibt, für ihn sind wir der Feind. Und das ist der Lauf der Welt – ein Rad, auf das »wir« und »sie« gefesselt sind, unerbittlich wie der Lauf der Welt oder das Ende unseres Lebens. Mord ist das älteste Geschäft auf der Welt, höchstens ein bißchen weniger alt als die Schöpfung. Aber auch neu, neu wie der letzte nukleare Greuel.

Ja noch mehr: Mord wird stets vom Bruder am Bruder verübt. Welch anderen Sinn könnte man vernünftigerweise der Geschichte von Kain und Abel abgewinnen? Der eine haßt den anderen – und um keiner guten Sache willen (dafür kann es keine gute Sache geben) erschlug er ihn. Er erschlug seinen Bruder gemäß dem einfachsten und einsichtigsten Prozeß der Welt. Weil sein Bruder, obgleich er sein Bruder war und deshalb mit heiligen und starken Banden an ihn gebunden war – weil sein Bruder darauf beharrte, ein »anderer« zu sein, mit eigenem Benehmen und eigenem Standpunkt. Diese Hartnäckigkeit, zwar liebenswert in Gottes Augen, war hassenswert in den Augen des Bruders. Abel wollte sich nicht schlucken lassen, wollte nicht zerbrechen. Hinzu kam: Seine Weigerung hatte Gefallen gefunden in Gottes Augen, Gefallen, denn Gott fand Abel göttlich. Er erkannte bei Abel eine Weise kreatürlichen, sohnhaften Verhaltens, die seine Zustimmung gewann.

In tragischer und zugleich unendlich typischer Verkehrung wurde der Bruder in den Augen des Bruders abgewertet. Jetzt war Abel der Feind. Das Band war zerschnitten, das Blut strömte. Das war die Verkehrung des Gebotes Christi, daß der Feind zum Freund werden solle. Jetzt war der Bruder (der prinzipiell und biologisch der Freund ist) zum Feind geworden.

So haben wir vor uns die erste Kriegsszenerie: die grüne Weide, der Garten, das bestellte Feld – sie wurden zum Schlachtfeld. Zur Szene des Mordes – simple und brutale Definition eines Schlachtfeldes oder einer »offenen Stadt«. Oder eines wahllosen Bombardements. Oder eines nuklearen Erstschlags – oder überhaupt jeden Schlags.

In bösen Stunden sage ich mir: Wenn Gott Mensch wurde, auf meinem Planeten geboren wurde, lebte und starb, hat er natürlich auch solche Gebote erlassen wie das »Liebet eure Feinde«. Das Schockierende und das, was mich kaputtmacht (und ihn auch, wie ich annehme), ist, daß diese Worte ständig beiseite gewischt werden konnten, aussortiert, weggelassen und gelehrt wegerklärt, ignoriert, schlecht befolgt. Bis dahin, daß die klare Absicht dieser Worte in den allermeisten Kirchen, in den Schriften der meisten Theologen für blanke Häresie oder bestenfalls für wirkungslosen Idealismus gehalten wird. Wahrhaftig, wer diesen Worten nachzuleben versucht, noch dazu in der Kirche, sieht sich an den Rand gedrängt, kaum toleriert, der Verachtung über alle Maßen ausgesetzt.

Das muß für Christus eine Sache trauriger Verwunderung sein. So ist sie es auch für mich und meine Freunde, die wir uns, während ich diese Worte niederschreibe, nicht nur der Bestrafung durch den Staat ausgesetzt sehen – was ganz natürlich ist und vorhersehbar war; aber was schlimmer ist: alle als personae non gratae erklärt sind in der Kirche – ein Verlust ganz anderer Rangordnung!

Ich schreibe dies nieder, wobei ich all meinen Humor zusammennehme und eine merkwürdige Geduld im Innern spüre. Ich versuche dem geheimnisvollen Lauf der Ironie auf die Spur zu kommen. Es gibt kaum einen Zweifel daran, daß ein Leben, das der Ermahnung Christi zu folgen versucht, aus Feinden Freunde zu machen, in erstaunliche Richtungen gerät und ganz überraschende Ergebnisse zeitigt. So kann man beispielsweise jahrelang erfolglos darum bemüht sein, einen einzigen Feind zum Freund zu machen. Dagegen wird man bei dem Bemühen, das gemeinhin als Friedensarbeit bekannt ist, stets mit Erfolg einen spitzen und dornigen Wald voller Fremder und feindselig Gesinnter schaffen. Das Bemühen draußen hilft einem in der heimatlichen Situation überhaupt nicht. Ganz im Gegenteil.

In Wirklichkeit wird das, worum man sich in der Fremde bemüht, zu Hause oft als Affront aufgefaßt. Es stört die gute Ordnung der Dinge, den normalen Lauf, den Frieden unter dem gemeinsamen Dach. Es spielt kaum eine Rolle, daß dieser Lauf und diese Ordnung in Wirklichkeit oft nur Maske und Grimasse sind, eine schmutzige Kapitulation. Daß sie im Kleinen das öffentliche Chaos, die Falschheit, die Kapitulation reproduzieren. Ich weiß nicht, ob es so ist, weil ein Naturgesetz nicht mehr funktioniert oder ein Gesetz der Gnade schlecht befolgt wurde. Ich bin nicht einmal überzeugt, daß es sich angesichts unserer Misere lohnt, der Sache nachzugehen. Man muß eben wie ein bestrafter Schuljunge an seine Lektion zurückkehren, um dort auf Seite eins des Christlichen Handbuches zu lernen, wie die Welt, einschließlich seiner liebsten Freunde, mit Christus umging. Da öffnet sich natürlich der Abgrund, und jede weltliche Erwartung verliert den Boden.

Hat man dies festgestellt, dann zieht man sich am besten zurück, denn solche Ereignisse, solche Niederlagen sind nicht die ganze Geschichte.

Es muß hinzugefügt werden, daß die Aufgabe, aus Feinden Freunde zu machen, nur unter Freunden vorankommen kann. Das ist Teil der ganzen Aufgabe, die wir Leben nennen. Aber sie ist unendlich viel mehr, sie ist der Lohn der Aufgabe, ihre Krönung.

Die Schönheit des Ganzen läßt die Zunge beim Erzählen verstummen. Denn wie soll ich die Freundschaften dieser Jahre schildern, ihre Meilensteine, ihre Marksteine, ein lebendiges Dokument, die Rufe, die Signale, das Lächeln des Lebens selbst?

Wenn die Jahre bitter werden und uns schwindelerregend umherschleudern, uns auf die härteste Probe stellen, uns demütigen, Punkte gegen uns gesammelt werden (angesichts unserer Ungeschicklichkeiten, unserer Bosheit, unserer gebrochenen Versprechen: Punkte, die zu Recht gesammelt werden) – wenn das auch alles wahr ist, so ist auch das andere wahr: Diese Jahre sind süß auf der Zunge, für das ganze Sein. Schmecket und sehet! Schmecket Freundschaft, Brüderlichkeit, Ehe, alles Gute und Menschliche, das am Baum des Lebens reift. Schmecket die Liebe der Kinder – wie köstlich, wie selten ist das! Kann irgendein Geschmack dieser Welt so unser Herz erfüllen?

So scheint mir, daß sich die beiden Gebote begegnen, in einer reicheren Mischung vereinigen: Wo wir aus Feinden Freunde machen, geschieht es, daß wir aus Freunden noch bessere Freunde gewinnen. Es gibt nur wenig andere Belohnungen, die unserer würdig sind – oder besser: uns angeboten werden. Und der Lohn ist reich im Überfluß. Lasset uns dafür Dank sagen.

Norman Vincent Peale

Menschen, die wir lieben

Jedermann möchte geschätzt und geliebt werden; auch mir geht es nicht anders. Das Bedürfnis nach Anerkennung ist eine weitverbreitete menschliche Eigenschaft. Das ist auch der Grund, warum Dale Carnegies Buch ›Wie man Freunde gewinnt‹ in so vielen Millionen Exemplaren verbreitet wurde. Das ist ferner der Grund, warum Zahnpasta, Mundwasser und Deodorants zu Millionen verkauft werden, und zwar aufgrund von Inseraten, die für einige Mark allgemeine Beliebtheit versprechen. Auf Schritt und Tritt begegnen wir dem Wunsch, beliebt zu sein.

Tatsächlich ist das Problem, mit anderen Menschen gut auszukommen, keine Spitzfindigkeit, sondern etwas äußerst Wichtiges, das wir meistern müssen, wenn wir glücklich und erfolgreich sein wollen. Und wie soll dieses Ziel erreicht werden?

Die erste Antwort klingt sehr einfach, aber sie ist von größter Wichtigkeit. Eines Tages aß ich mit zwei guten Freunden: C. K. Woodbridge und Carol Lyttle. Unser Gespräch befaßte sich hauptsächlich mit dem Problem eines erfolgreichen Lebens. Da die beiden Männer hervorragende Stellungen im Wirtschaftsleben einnehmen, fragte ich sie, welches die Grundvoraussetzungen für einen erfolgreichen Verkäufer seien. C. K. Woodbridge antwortete mir sofort: »Ein guter Verkäufer muß die Menschen gern haben. Selbstverständlich muß er auch an sein Produkt glauben und etwas davon verstehen. Er muß hart arbeiten und positiv denken. Doch vor allem muß er den Menschen Interesse und Freundschaft entgegenbringen. «

Ich glaube, daß dies tatsächlich auch die Grundlage im Umgang mit anderen Menschen überhaupt ist. Wenn jemand anderen Menschen wirkliche Sympathie entgegenbringt, wird man ihm bestimmt ebenfalls aufgeschlossener entgegentreten. Der erste Schritt, um beliebt zu werden, besteht darin, anderen Sympathie und Freundschaft entgegenzubringen, und zwar aufrichtig, nicht als Zweck.

Selbstverständlich ist dies nicht immer leicht. Doch je mehr man sich daran gewöhnt, andere Menschen gern zu haben, um so leichter wird es. Wir können uns natürlich nicht von einem Tag zum anderen einreden: ›Von nun an liebe ich alle Menschen!‹ So einfach ist es nicht. Andere Menschen gern zu haben, ist das Ergebnis einer ganz bestimmten Lebensart, und die Grundlage dafür ist das positive Denken an sich. Man muß anderen Menschen eine positive Denkweise entgegenbringen, anstatt negative Gedanken zu hegen.

Ich bin immer wieder überrascht, wie oft ich den Ausspruch höre: ›Ich begann jedermann gern zu haben‹, wenn mir die Leute über die Ergebnisse positiven Denkens in ihrem Dasein erzählten. Hier nur einige wenige Beispiele aus verschiedenen Briefen: »...und dann begann ich tatsächlich jedermann gern zu haben; ...und so empfinde ich heute: ich liebe jedermann und habe keine Schwierigkeiten mehr im Umgang mit anderen; ...dann erlebte ich etwas Sonderbares: ich begann, jedermann gern zu haben; ...bevor ich das Buch ›Die Kraft positiven Denkens‹ gelesen hatte, liebte ich nur mich selbst; dann aber stellte ich mein Selbst in den Hintergrund, und heute darf ich aufrichtig sagen, daß ich jedermann gern habe.«

Es ist nicht so schwer, die Gründe für diese Erscheinung zu verstehen. Wenn die Menschen frei werden von Angst, Unruhe und Ichbezogenheit, entwickeln sie eine Daseinsfreude, die ihr ganzes Empfinden verändert. Die Welt hat ein neues Gesicht bekommen. Anstatt sich von ihr zurückzuziehen, entwickeln diese Menschen Sympathie, Vitalität und Charme; ihre Empfindungswelt strahlt automatisch positiv auf ihre Umwelt aus.

Wenn Sie sich primär nur mit sich selbst befassen, haben Sie wenig Chancen, zu jenen zu gehören, die beliebt sind. Um dies zu erreichen, müssen Sie zuerst Ihre Ichbezogenheit zurückstellen und sich auf andere Menschen konzentrieren. William James sagte: »Der tiefste menschliche Wunsch ist, Anerkennung zu finden.« Das aber gilt nicht nur für uns, sondern auch für andere. Unsere Mitmenschen möchten auch unsere Anerkennung finden! Wer jedoch nur mit sich selbst beschäftigt ist, findet nie die Zeit, andere zu beachten oder ihnen Anerkennung zu zollen. Und unser Mitmensch, der gerne unsere Anerkennung gewinnen möchte, geht leer aus und hat keinen Grund, von uns besonders begeistert zu sein.

Ich habe einen Freund, der von Natur aus ein positiver Denker ist. Das ist wahrhaft eine Gnade, denn die meisten Menschen müssen diese Fähigkeit erst entwickeln. Sein Name ist Charles Heydt. Charly gehört zu den großen Bewunderern unserer Welt. Und das Ergebnis ist, daß er überall beliebt ist. Wenn meine Sekretärin läutet und mir mitteilt, Charly Heydt verlange mich am Telefon, hellt sich mein Gesicht automatisch auf. Ich freue mich immer, mit ihm zu sprechen, weil Charly zu den Menschen gehört, die einen aufrichten. Wenn er in einer Zeitschrift einen Artikel von mir sieht, findet er immer Zeit, mich anzurufen oder mir einige Zeilen zu schreiben.

»Lieber Norman, Dein Artikel war ausgezeichnet, das mußte wirklich einmal gesagt werden.«

Es ist kein Wunder, daß Charly überall beliebt ist. Wer es versteht, andere Menschen aufzurichten und zu ermuntern, wird überall gerne gesehen.

Einer meiner Leser erzählte mir eine Geschichte über Henry Ford, den ich sehr schätze. Eines Tages, als die beiden zusammen aßen, fragte Ford plötzlich: »Wer ist dein bester Freund?«

Sein Begleiter nannte mehrere Namen, doch Henry Ford zog einen Bleistift aus der Tasche und schrieb damit auf das Tischtuch: »Dein bester Freund ist der, der deine besten Eigenschaften zur Entfaltung bringt.«

Wir müssen lernen, hinter den Handlungen unserer Nächsten den wahren Menschen und seine Persönlichkeit zu entdecken. Wer es fertigbringt, in jeder Situation ein wahres Interesse für andere aufzubringen, wird es erleben, daß die Betreffenden nicht nur ihm, sondern auch Drittpersonen Sympathie entgegenbringen.

Von einer Leserin in Philadelphia, die mit einem recht schwierigen Chef zusammenarbeiten muß, erhielt ich den folgenden Brief: »Als mich mein Chef kürzlich wieder abkanzelte, beschloß ich zu kündigen.

Sofort begann ich, mich nach einer neuen Stelle umzusehen, als ich jedoch Ihr Buch über positives Denken zufällig zu jener Zeit las, dachte ich, nun wäre eine gute Gelegenheit, diese Theorien in die Praxis umzusetzen.

Ich schrieb meinem Chef einen Brief und sagte ihm darin, daß ich sehr dankbar sei, von ihm mit einer verantwortungsvollen Arbeit betraut worden zu sein und für seine Firma arbeiten zu dürfen, doch ich habe das Gefühl, daß er seinen Umsatz verdoppeln könnte, wenn es ihm gelänge, eine bessere Arbeitsatmosphäre zu schaffen. Ich fragte ihn, ob es ihm bewußt sei, daß jedesmal, wenn er einen seiner Mitarbeiter in sein Büro rufe, dieser praktisch einen kleinen Schock erhalte. Jedermann werde auf das Klingelzeichen des Chefs nervös, lasse alles fallen, was er gerade in der Hand habe. Ich sagte ihm, daß ich gerne christlich denken und handeln möchte, doch wie es möglich wäre, daß unter solchen Bedingungen jedermann dem anderen Sympathie und etwas Liebe entgegenbringen könne?

Diesen Brief schrieb ich vor einigen Wochen. Bis heute hat man mich nicht hinausgeworfen, hingegen haben sich die Arbeitsbedingungen um 90 Prozent gebessert, und jedermann fühlt sich freier und glücklicher. Es ist mir bewußt, daß sich mein Chef unter Entbehrungen und mit harter Arbeit emporarbeiten mußte, so daß ich viele seiner Handlungsweisen verstehen kann. Gerade darum aber werde ich meine Anstrengungen verdoppeln, ihm eine wirkliche Hilfe zu sein.«

Diese Frau, welche begriffen hat, um was es beim positiven Denken geht, hat in einer schwierigen Situation vernünftig gehandelt. Sie hat bei ihrem gefürchteten Chef hinter die Kulissen geblickt und erkannt, daß er so handelte, weil er sich innerlich unsicher fühlte. Indem sie die tieferen Ursachen seines Handelns beachtete, hob sie das ganze Problem auf ein höheres Niveau. Ihre Fähigkeit, die Sorgen anderer anzuhören und ihnen zu helfen, brachte ihr auch die Sympathie ihrer Kollegen, und jedermann schätzte sie mehr und mehr. Sie wußte, daß es im Umgang mit anderen oft mehr auf unser Verhalten als auf Worte ankommt – und weil wir meistens diesen Grundsatz zuwenig beachten, funktionieren unsere menschlichen Beziehungen nicht so, wie es möglich wäre.

Die meisten von uns können übrigens auch nicht richtig zuhören. Die Kunst zuzuhören ist jedoch eines der großen Geheimnisse im

Umgang mit anderen. Wir sind meistens geneigt, viel zuviel selber zu sprechen, wenn uns jemand eines seiner Probleme schildern möchte. Wir versuchen, Ratschläge zu erteilen, obgleich es wichtiger wäre, zu schweigen und zuzuhören. Diese Geduld ist es, was der andere jetzt braucht.

Mein Freund, der Schriftsteller Arthur Gordon, erzählte mir eine packende Geschichte über den Zeitungsredakteur einer kleinen Stadt. Dieser arbeitete oft bis spät in die Nacht hinein. Eines Tages, kurz nach Mitternacht, klopfte es an seine Tür. Auf seinen Ruf ›Herein‹ öffnete sich die Tür, und er erblickte das verstörte Gesicht eines Nachbarn, der kürzlich durch einen tragischen Unfall seinen kleinen Sohn verloren hatte. Der Redakteur kannte die traurige Geschichte: Der Mann hatte mit seiner Frau und seinem Sohn eine Bootsfahrt unternommen. Das Ruderschiff war gekentert, die Frau wurde gerettet, aber das Kind ertrank. Seit jener Tragödie war der Mann nicht mehr recht zur Besinnung gekommen. Er irrte in den Straßen umher, und angelockt durch das Licht im Büro des Redakteurs und vielleicht, weil er hoffte, bei ihm etwas Trost und Verständnis zu finden, war er hereingekommen.

»Nimm Platz, Bill«, sagte der Redakteur, »und ruhe dich etwas aus.«

Der Unglückliche setzte sich und verharrte schweigend. Und jetzt tat der Redakteur etwas Wesentliches: Anstatt nun den Besucher mit einem Wortschwall zu überschütten, fuhr er einfach in seiner Arbeit fort, als ob niemand da wäre. Nach einer Weile fragte er: »Möchtest du eine Tasse Kaffee, Bill?« Und er übergab dem Besucher eine dampfende Tasse und sagte: »Trinke das – es wird dich erwärmen.« Sie tranken den Kaffee, doch noch immer entwickelte sich kein Gespräch.

Nach einer weiteren Zeitspanne sagte der Nachbar: »Ich bin noch nicht fähig, darüber zu reden.«

»Das ist ganz in Ordnung. Sitz nur hier, solange du willst, ich werde einfach in meiner Arbeit fortfahren.«

Etwas später sagte Bill: »Nun bin ich bereit, zu sprechen.« Und eine volle Stunde erzählte er alles, was ihn bedrückte. Der Redakteur hörte aufmerksam zu. Bill erzählte die ganze Tragödie nochmals mit allem, auch den kleinsten Einzelheiten, was geschehen war und was geschehen wäre, wenn er dieses oder jenes getan oder nicht getan hätte. Er sprach bis ungefähr um drei Uhr morgens. Schließlich schwieg er, nachdem er noch hinzugefügt hatte: »Das ist alles, was ich dir heute nacht erzählen wollte.«

Der Redakteur stand auf, legte seinen Arm um die Schulter seines Besuchers und sagte: »Geh nach Hause, Bill, und versuche, etwas zu schlafen.«

»Darf ich wiederkommen?«

»Jederzeit«, sagte der Redakteur, »wann immer du willst, am Tag oder auch während der Nacht. Gott segne dich, Bill.«

Das ist alles, was der Redakteur unternahm: Er hörte ruhig zu, jedoch mit Sympathie und Liebe in seinem Herzen. Und jedermann in der Stadt schätzte ihn, gerade wegen dieser Eigenschaft. Er ermunterte die Menschen dazu, ihre Probleme auszusprechen und dadurch selber ihre Lösung zu finden.

In Ottumwa lebt Al Stevens, der ebenfalls um das Geheimnis des schöpferischen Zuhörens weiß. Al Stevens arbeitet für ein Geschäft, das nicht leicht zu führen ist und oft auf großen Widerstand stößt. Er ist der Rechnungseinzieher für eine Inkasso-Gesellschaft. In dieser Eigenschaft muß er Geschäftsleute aufsuchen, sie an ihre Schulden erinnern und die fälligen Beträge einkassieren. Seit Jahren arbeitete Al nach den üblichen Methoden solcher Unternehmen. Er suchte die Leute auf, erinnerte sie an ihre Verpflichtungen, und oft mußte er dabei ziemlich entschlossen und unmißverständlich auftreten. Eines Tages aber entdeckte er die Grundsätze positiven Denkens, und er entschloß sich, seine Arbeit von nun an etwas anders anzupacken.

Er sagte sich, daß es sicher besser wäre, wenn er seine Arbeit in einem positiven Sinne ausführe und dabei in seinen Schuldnern Menschen sähe, die in ernsten Schwierigkeiten steckten und dadurch in Schulden geraten waren. Vielleicht wäre es besser, ihnen zu helfen, ihre Probleme zu lösen.

So verwandelte sich die Inkassotätigkeit von Al Stevens langsam in eine solche der Beratung und der Hilfe für andere Menschen. Bei seinem ersten Besuch, nachdem er diesen Entschluß gefaßt hatte, traf er auf eine 27jährige Hausfrau, die einem Lebensmittelgeschäft eine Rechnung schuldete, welche bereits sieben Monate alt war. Al redete zuerst nicht vom Geld, sondern sagte: »Ich weiß, daß Sie Sorgen haben, denn sonst hätten Sie keine Schulden. Ich bin überzeugt, daß wir damit fertig werden können, wenn wir gemeinsam nach einer Lösung suchen.« Der freundliche und positive Ton gab der Frau Vertrauen.

Al erfuhr, daß eine Reihe von Arztrechnungen die Ersparnisse der Familie aufgezehrt hatten. Schulden und Niedergeschlagenheit waren die Folge. Der Ehemann wechselte oft seine Arbeit, und bald stellten sich auch Unfrieden und Streit zwischen den Eheleuten ein. Al gewann den Eindruck, daß es diesen Menschen an der Fähigkeit, etwas zu organisieren, mangelte. Es war ihnen nicht möglich, über ihre Schulden hinauszusehen. Al erkannte seine Aufgabe: Er mußte das Selbstvertrauen dieser Menschen wieder aufbauen und ihnen den Weg aus ihren Schwierigkeiten weisen. Er bat die junge Hausfrau, alle Schulden der Familie zu notieren und in einer anderen Spalte alle Einnahmen. Zusammen arbeiteten sie dann ein Abzahlungssystem aus.

»Wenn Sie jeden Tag 58 Cent auf die Seite legen, können Sie alle Ihre Schulden in einem Jahr abzahlen. Werden Sie dies fertigbringen?« fragte Al. Die junge Frau war überzeugt davon – und sie tat es auch. Neun Monate später hatte sie keine Schulden mehr, ihr Mann erhielt eine gute Stelle, und die Ehe steht wieder auf besseren Füßen.

Ist es verwunderlich, daß Al Stevens in seinem Arbeitsbezirk der ›Schuldendoktor‹ genannt wird? Er ist so beliebt in seiner Stadt, daß viele seiner Schuldner ihm zu Weihnachten eine Karte senden! Wenn man positiv über seine Beziehungen zu anderen Menschen denkt, wenn man ihr Handeln als eine Folge der Verhältnisse betrachtet, wenn man ihnen hilft, ihre Probleme zu lösen, wird man sehr schnell Vertrauen und Zuneigung gewinnen. Eine weitere wichtige Fähigkeit im Umgang mit anderen besteht darin, daß man die Menschen dazu bringt, sich selber zu akzeptieren. Es gibt sehr viele Leute, die nie gelernt haben, ihre eigene Individualität so zu nehmen, wie sie ist. Sie leiden innerlich unter diesem Zustand, und es fällt ihnen schwer, glückliche Beziehungen zu anderen Menschen zu entwickeln.

Einer meiner Leser, ein Journalist und Redner, ist ungefähr einen

Meter sechzig groß. Damit liegt er nur ganz wenig unter dem Durchschnitt. Doch seine kleine Körpergröße machte ihm schwer zu schaffen. Nie ließ er es zu, zusammen mit anderen fotografiert zu werden, damit man auf dem Bild nicht sehen konnte, daß er etwas kleiner war. In einem meiner Bücher las er zufällig den Satz: Denke groß, bete groß, glaube groß, handle groß – und du wirst wachsen und groß werden.

Dieser Grundsatz prägte sich dem Mann ein, und er begann, ihn systematisch anzuwenden. Er nahm sich so wie er war, und seine negativen Gedanken hinsichtlich seiner Körpergröße verschwanden. Ich hörte ihn sagen, daß die Größe eines Mannes sich nicht nach der Länge seiner Beine richtet, sondern nach seiner inneren Größe. Heute ist es so, daß selbst größere Männer zu ihm aufschauen, selbst wenn sie körperlich über ihm stehen. Unser Freund lernte, ein wahres Maß zu finden. Oft sagt er mir, wie sehr er mich schätzt, weil eines meiner Bücher ihm geholfen hat, sich selbst zu finden und sich selbst zu akzeptieren. Ich selbst empfinde ähnlich gegenüber Menschen, die mir persönlich in ähnlicher Weise geholfen haben.

Früher war ich ständig um meine Fähigkeit zu sprechen besorgt, denn ich fühlte, daß es mir schwerfiel, die richtigen Worte zu finden. Dieser Mangel machte sich ganz besonders bemerkbar, wenn ich mit einer kleinen Gruppe von Menschen sprechen mußte. Seltsamerweise hatte ich keine Schwierigkeiten, vor einem großen Auditorium zu sprechen. War jedoch jemand mit akademischer Bildung und einem kultivierten Wortschatz anwesend, so litt ich unter einem starken Minderwertigkeitsgefühl. Wer mir half, diese Schwäche zu überwinden, war Hugh M. Pilroe, Professor des College für öffentliches Sprechen an der Universität Syracuse. Er lehrte mich, die Wichtigkeit des Grundsatzes zu erkennen, daß wir nie versuchen dürfen, irgend etwas nachzuahmen, dem Vorbild irgendeiner Person oder einer Mode zu entsprechen und zu folgen. »Benütze die einfache, alltägliche Sprache«, sagte er, »Worte, die jedermann leicht verstehen kann. Und sprich ganz auf deine Art; das wird vollkommen in Ordnung sein.«

Professor Pilroe gehörte zur selben Kirche wie ich, und ich war damals noch sehr jung. Ich bat ihn, meine Predigten vom Standpunkt der Redetechnik aus zu beurteilen und zu kritisieren. »Nie im Leben!« antwortete er. »Wenn Sie Unterricht im öffentlichen Sprechen haben möchten, dann schreiben Sie sich an der Universität ein und zahlen Sie das Unterrichtsgeld, und ich werde Sie im Rahmen der Klasse unterrichten. Doch wenn ich in Ihre Kirche komme, sind Sie der Lehrer, und ich bin der Zuhörer in der großen Schule unseres Herrn. Sie bleiben besser das, was Sie sind, und sprechen aus Ihrem Herzen!«

Ich werde diesen Mann bis ans Ende meiner Tage schätzen, denn er hat mir geholfen, mich selber zu akzeptieren und ich selbst zu sein. Sobald Sie anfangen, aufrichtiges Interesse am Schicksal anderer Menschen zu nehmen, wenn Sie sich um sie sorgen, werden Sie bald überall beliebt sein, und die anderen Menschen werden Ihnen ebenfalls Interesse und Sympathie entgegenbringen. Diese Überlegungen führen dazu, daß wir eine gewisse Fähigkeit in der Kunst, anderen zu helfen, entwickeln müssen. Wer diese Fähigkeit beherrscht, kann immer der Zuneigung vieler sicher sein.

Einer meiner Leser führt ein Bekleidungsgeschäft in New York. Vor einigen Jahren befand sich das Geschäft in einer schweren Krise. Der Laden war düster und unfreundlich. Die Ware lag unordentlich auf den Tischen herum, und der Besitzer selbst befand sich in einem Zustand der Depression, der Hand in Hand mit dem schlechten Aussehen seines Geschäftes ging.

Eines Tages erhielt er den Besuch eines alten Freundes. »Wie gehen die Geschäfte?« fragte dieser.

»Miserabel, ganz miserabel.«

Der Freund schaute sich das Geschäft näher an und sagte dann: »Das wundert mich auch nicht. Schau dir nur einmal den Zustand deines Geschäftes an. Was ist los mit dir, Fred? Früher hattest du einen der saubersten und attraktivsten Läden der Stadt.«

Der Geschäftsinhaber sagte: »Leider habe ich nicht genug Geld, um eine Renovierung vorzunehmen. Ich weiß, daß es nötig wäre. Wenn es mir nur gelänge, meine Außenstände einzutreiben, hätte ich genug Geld, um meinem Geschäft wieder das frühere gute Aussehen zu geben.«

»Warum kannst du deine Guthaben nicht hereinbringen?« fragte der Freund. »Das ist seltsam. Vielleicht kann ich dir dabei helfen.

Würde es dir etwas ausmachen, mir die Namen der Kunden zu nennen, welche dir Geld schulden?«

Der Inhaber brachte seine Bücher und zeigte seinem Besucher eine Liste von 96 Kunden, die ihm Geld schuldeten. Dieser nahm einen Bleistift und machte bei einem Namen ein Zeichen. »Erzähle mir etwas über diesen Kunden«, sagte er.

Der Geschäftsinhaber blickte ihn erstaunt an: »Was meinst du damit?«

»Du kennst doch diesen Kunden! Also erzähle mir irgend etwas über ihn, seine Familie, seine Probleme, seine Interessen!«

Der Inhaber war erstaunt. »Natürlich weiß ich nichts über ihn. Dafür habe ich doch keine Zeit! Für mich ist er schlicht und einfach ein Schuldner, der mich nicht bezahlt.«

Der Bekannte wählte einen anderen Namen aus. »Und dieser hier?« Doch die Antwort war dieselbe. Der Geschäftsinhaber mußte zugeben, daß er von seinen Kunden nicht mehr als zehn persönlich kannte.

»Möchtest du einen Versuch wagen? Dann sende alle diese Rechnungen noch einmal an deine Schuldner, doch dieses Mal sage für jeden Empfänger ein kleines Gebet. Darin wünschst du jedem einzelnen Glück und Freude mit den Kleidern, die du ihnen verkauft hast. Bete für das Wohlbefinden deiner Kunden. Und am unteren Ende der Rechnung füge eine kleine persönliche Bemerkung bei, zum Beispiel: ›Ich hoffe, daß Ihnen der Pullover Freude macht‹, oder: ›Wenn Sie mit irgend etwas nicht zufrieden sind, kommen Sie zu mir, und wir werden sehen, was wir tun können.‹ Füge noch einige freundliche Worte bei, wie zum Beispiel: ›Beste Wünsche‹ oder: ›Ich hoffe, daß Sie und Ihre Familie sich wohlbefinden‹.

Das Wichtigste aber ist, daß du von nun an über alle deine Kunden persönlich Bescheid weißt. Wenn sie erneut in dein Geschäft kommen, denke nicht zuerst an den Verkauf, sondern daran, wie du deine Kunden am allerbesten bedienen und ihnen helfen kannst. Das sind keine Schuldner – es sind Menschen! Und deine Aufgabe besteht darin, ihnen durch dein Geschäft so gut wie nur möglich zu dienen.«

Der Geschäftsinhaber war nicht davon überzeugt, daß dieses Vorgehen richtig sei, doch er war an einem Punkt angelangt, wo man

144

alles versucht. Um seinem Freund eine Freude zu machen, willigte er in den Versuch ein. Er versuchte, für jeden seiner Schuldner zu beten und dann auf den neuen Rechnungen eine persönliche Bemerkung anzubringen.

Das Ergebnis war erstaunlich. Von den sechsundneunzig Schuldnern zahlte die Hälfte prompt den ganzen Betrag oder einen Teil davon. Andere schrieben zurück, daß sie die Verspätung bedauerten, jedoch am Monatsende die Sache in Ordnung bringen würden. Einige kamen sogar persönlich in das Geschäft, um ihre Rechnung zu bezahlen. Der Inhaber war so erstaunt, daß er beschloß, seine Anstrengungen in dieser Richtung zu verdoppeln. Von diesem Tag an entwickelte er eine neue Geschäftsphilosophie, und heute gehört er zu den beliebtesten Leuten in seiner Gemeinde. Die Leute sehen in ihm weniger den Mann, der ihnen etwas verkaufen will, als einen guten Freund, bei dem sie jederzeit Rat finden können. Beliebt zu sein ist so einfach, wenn wir den anderen nur wirklich helfen wollen.

Ich möchte hier eine andere charakteristische Eigenschaft beliebter Menschen erwähnen. Solche Menschen verstehen es, was immer auch geschehen mag, über den Dingen zu stehen. Nichts kann sie erschüttern, sie behalten ihren Humor und ihre Überlegenheit. In Kalifornien traf ich Frau Sadie Bunker, eine bemerkenswerte Dame von über 65 Jahren, die unter dem Namen ›Fliegende Großmutter‹ bekannt ist. Drei Jahre zuvor hatte sie sich entschlossen, den Flugschein zu machen. Sie nahm Unterricht, erhielt die Bewilligung und fliegt heute ihr eigenes Flugzeug. Kürzlich machte sie alle Prüfungen, die für den Blindflug notwendig sind, und sie sagte mir, jedermann sollte ein Flugzeug besitzen oder fliegen können. Wenn sie mit ihren Problemen nicht mehr fertig wird und nervös ist, sucht sie den Flugplatz auf, macht ihren Apparat flugfertig, und wenn sie einige tausend Meter in der Luft ist, verlieren ihre Sorgen auch an Gewicht. »Man blickt nieder auf die Erde, und man sieht alles mit anderen Augen an«, erklärte sie mir.

Nicht jedermann kann es sich leisten, ein Flugzeug zu besteigen, wenn ihn seine Probleme bedrücken, doch durch positive Gedanken können wir uns ohne weiteres über unsere Sorgen erheben. Wir müssen nur versuchen, immer über den Dingen zu stehen. Stellen wir uns einmal vor, daß irgend jemand uns kritisiert. Geht diese Kritik unter unsere Haut, verletzt sie unsere Gefühle, macht sie uns unsicher und mürrisch? Oder gelingt es uns, damit fertig zu werden und dadurch sogar die Menschen für uns zu gewinnen? Das Geheimnis besteht darin, weiterhin positiv zu denken.

Menschen, die es verstehen, Kritik in eine positive Situation zu verwandeln, sind überall beliebt. Eine der geachtetsten Persönlichkeiten in unserem Land ist der frühere Präsident Herbert Hoover. Vor einiger Zeit besuchte ich ihn und stellte ihm folgende Frage:

»Sie waren seinerzeit zweifellos einer der meistkritisierten Männer der Vereinigten Staaten. Fast jedermann schien gegen Sie eingestellt zu sein, und es gehörte fast zum guten Ton, über Sie zu schimpfen. Heute jedoch sind Sie Amerikas ›Grand Old Man‹, und jedermann schätzt Sie, ganz gleich, wo er politisch steht. Hat es Sie damals nicht unsicher gemacht, als man Sie draußen heftig kritisierte?«

Herbert Hoover blickte mich erstaunt an und sagte: »Natürlich nicht.«

Gespannt fragte ich: »Warum nicht?«

»Alles, was wir im Leben tun müssen, ist, unseren Kopf zu gebrauchen. Wir haben unseren Verstand erhalten, um ihn zu benützen. Als ich mich entschloß, Politiker zu werden, besann ich mich darauf, was dies für mein Leben bedeuten würde. Ich bemühte mich, den Preis dafür klar zu sehen. Eines war klar: Ich würde stark kritisiert werden. Trotzdem entschloß ich mich, vorwärtszugehen. Als ich später der Kritik ausgesetzt war, konnte mich dies nicht mehr überraschen. Dadurch war ich in der Lage, mit ihr fertig zu werden. Wie Sie sehen«, sagte er lachend, »ich bin ein positiver Denker.«

Für einen Augenblick schwieg Mister Hoover, dann sagte er: »Doch das ist nicht alles. Ich bin ein Quäker.« Er gab keine weiteren Erklärungen über diese Feststellung ab, denn er wußte, daß ich ihn verstand. Quäker stellen den Frieden in den Mittelpunkt ihrer Bemühungen. Sie glauben, daß geistige und seelische Harmonie mit allen Schwierigkeiten fertig werden können. Indem Mister Hoover wußte, wie er mit der Kritik fertig werden konnte, wuchs er zu einem der bedeutendsten Politiker, und er wurde gleichzeitig einer der meistgeschätzten Amerikaner. Seine Philosophie könnte uns viel lehren, sei es im öffentlichen oder privaten Leben. Wir alle werden kritisiert, und wir können daran nichts ändern. Kritik ist eine der Tatsachen des Lebens. Indem wir ihr offen entgegensehen, können wir die richtige Geisteshaltung gewinnen, um sie schöpferisch zu überwinden. Wer geistig auf etwas vorbereitet ist, kann dadurch nie allzusehr beeindruckt werden.

Senator Paul Douglas von Illinois erzählte mir von einer Quäker-Zusammenkunft, bei der er lernte, wie man mit der Kritik umgehen muß. Die Quäker üben sich bekanntlich auch im Schweigen. Oft sitzen sie während längerer Zeit da, ohne daß jemand ein Wort spricht. Bei jener Zusammenkunft sprach einzig und allein ein alter Mann, der folgendes sagte:

»Wenn je jemand gegen Sie auftritt oder Sie kritisiert, dann versuchen Sie, durch jede Handlung, durch Ihren Blick und durch Ihre Worte zu zeigen, daß Sie ihn schätzen oder lieben.«

Das war alles, was der alte Mann sagte, aber Senator Douglas konnte viel daraus lernen.

Auch die Bibel sagt, daß wir unsere Feinde lieben sollen, daß wir diejenigen, die uns Böses tun, segnen und für sie beten sollen. Wer diese Lehre in die Tat umsetzt, wird nicht nur seine Kritiker umstimmen, sondern er wird auch bei allen, die seine Handlungsweise beobachten, Sympathie gewinnen. Es ist eine Tatsache, daß die Menschen ihre Sympathie denjenigen zuwenden, die stark der Kritik ausgesetzt sind. Und wenn dann der Kritisierte nicht zurückschlägt und die Kritik ruhig über sich ergehen läßt, wird er dadurch so viele Freunde gewinnen, daß die Kritik dieser positiven Entwicklung hinterherhinkt.

Wenn die Bibel sagt, daß wir unsere Feinde lieben sollen, so handelt es sich hier tatsächlich um die subtilste Weise, mit der wir die Zuneigung anderer Menschen gewinnen können. Dadurch wird einmal mehr bewiesen, daß Jesus Christus der weiseste aller Lehrer des Lebens war.

Es ist ja so leicht, zu hassen; es ist so leicht, negativ zu sein, und es ist so einfach, pessimistisch zu werden. Es ist leicht, aber es ist auch ein Unglück, denn nie werden wir auf diese Weise wahrhaft glücklich werden, nie werden wir das werden, was wir sollten, nämlich Söhne des Reiches Gottes, das auch in uns lebt und wirkt.

Starke Persönlichkeiten, die andere anspornen, anregen, die Mut und Zuversicht und Hoffnung verbreiten, werden überall außerordentlich geschätzt. Alle von uns brauchen Mut, Kraft und Hoffnung. Wenn wir nun mit Menschen zusammentreffen, die von uns etwas von dieser geistigen Kraft aufnehmen können, ist es nur natürlich, daß wir für sie wichtig werden und in ihrem Herzen einen Platz gewinnen.

Ich selbst kenne den Einfluß solcher Persönlichkeiten auf mich. Wer erfüllt ist von einem starken Glauben an etwas, wer feste Ansichten und Überzeugungen hat, wer selbst danach lebt, verbreitet Vertrauen und wird nicht ohne Einfluß auf andere bleiben.

Ein von mir sehr geschätzter Freund, George E. Sikolsky, der berühmte Journalist, ist ein starker positiver Denker, in dessen Vokabular Niederlage nicht existiert. George machte mehrere Krankheiten durch, und während längerer Zeit hörte ich nichts mehr von ihm. Doch kürzlich rief er mich an, weil er jemandem helfen wollte, und ich stellte fest, daß seine Stimme wieder den alten Klang und die alte Kraft ausstrahlte.

»Du scheinst wieder gut beieinander zu sein, George«, sagte ich.

»Selbstverständlich«, sagte er. »Wir müssen uns über die Dinge stellen.«

»Aber du hast doch sicher einiges mitgemacht. Was ist das Geheimnis deines Lebensmutes?«

»Geheimnis! Ich habe kein Geheimnis. Jemand steht uns immer bei, nicht wahr?«

George erzählte mir, wie er im Krankenhaus sich einer Untersuchung unterziehen mußte. Als die Ärzte zu ihm kamen und das Röntgenbild gegen das Fenster hielten, fragten sie: »Können Sie ein Röntgenbild lesen?«

George schaute das Bild an und sagte: »Natürlich, ich habe Krebs... wir wollen ihn herausschneiden.«

»Die Ärzte sagten es mir«, erklärte mir George, »denn sie wußten, daß ich die Wahrheit ertragen konnte.«

Der Herzspezialist prüfte das Herz meines Freundes, um zu entscheiden, ob er die Operation überstehen könne. Er wunderte sich über die Ruhe Sikolskys. »Ich bin überrascht über Ihre gute Verfassung«, sagte der Arzt. »Wenn ich Ihre Einstellung hätte, könnte ich zehn Jahre länger leben.«

George sagte: »Ich habe Vertrauen, und darum bin ich entspannt. Ich bin in Gottes Hand – und das ist alles.«

George lag fünf Stunden auf dem Operationstisch, und als er wieder zu Bewußtsein kam, sagte der Arzt: »Nun, Sie leben wieder.«

»Wie wollen Sie wissen, ob ich lebe?« sagte der Patient. »Das kann ich nur feststellen, wenn ich weiß, daß ich noch arbeiten kann. Wenn ich nicht mehr arbeiten kann, bin ich tot. Bringen Sie mir Papier und Schreibzeug, und ich will versuchen, einen Artikel zu schreiben. Erst dann werde ich wissen, ob ich noch lebe.« Der Artikel wurde einer der besten seiner ganzen Karriere.

Eine andere sehr starke, unschlagbare Persönlichkeit ist Oberst Frank Moore, der meiner Kirche in New York angehört. Frank ist ein positiver Denker, der nicht davor zurückschreckt, sein christliches Denken und Vertrauen auch in seine geschäftliche Tätigkeit wie in sein privates Leben hineinzutragen.

Im Büro Franks befindet sich ein großer Konferenztisch, an dem sich seine sieben führenden Mitarbeiter regelmäßig zu Konferenzen einfinden. Der Tisch hat jedoch acht Stühle. Als Colonel Moore seinerzeit die Leitung des Betriebes übernahm, versuchte er, seinen Mitarbeitern klarzumachen, wie wichtig es sei, sich bei jeder Konferenz und bei jeder Entscheidung einer höheren Führung zu unterstellen. Da meist ein Stuhl am Konferenztisch leer blieb, kam er auf die Idee, den Platz am oberen Ende des Tisches frei zu lassen, damit sich jedermann daran erinnern möge, daß unsichtbar noch jemand anwesend sei, der alle Entscheidungen überwache.

Seine Anregung wurde zögernd aufgenommen, doch als alle Beteiligten feststellten, welchen segensreichen und guten Einfluß dieser leere Stuhl auf die Teilnehmer ausübte, wurde diese Einrichtung beibehalten und machte auch in den anderen Abteilungen des Unternehmens Schule.

An der Wand über dem Konferenztisch wurde ein groß gedrucktes Gebet aufgehängt. Es beeindruckte alle anderen Geschäftsleute, die zu Besprechungen in diesen Raum eingeladen wurden, so stark, daß allein während eines Jahres zweitausend Kopien davon verlangt und abgegeben wurden. Das Gebet lautet:

»O Gott, schenke jedem, der heute mit mir zusammentrifft, Glück und Segen. Mögen alle meine Worte, die ich in jeder Stunde dieses

Tages ausspreche, von Weisheit und Güte getragen sein. Gib mir die Kraft, die rechten Worte zu finden, und hilf mir, die Gefühle und Gedanken meiner Mitmenschen zu achten und das Beste für sie zu erreichen. Schenke mir die Gnade, daß ich an guten Taten nicht vorübergehe und dankbar bin für alles, was ich selber empfangen darf. Hilf mir, mit offenem Herzen anderen zu helfen. Amen.«

Möchten auch Sie geliebt und geachtet werden? Dann schenken Sie anderen Mut und Vertrauen. Schenken Sie ihnen etwas mehr Aufmerksamkeit, etwas Zuneigung und Anregung. Helfen Sie ihnen, Kraft und Mut zu gewinnen, und Sie werden dafür geliebt werden.

Wir wollen nun einige der wichtigsten, in diesem Kapitel erwähnten Punkte zusammenfassen. Worin liegt das Geheimnis des Beliebtseins?

Erstens: Vor allem müssen wir selbst andere Menschen lieben. Wie sollen wir dies bewerkstelligen? Der erfolgreichste Weg dazu besteht im positiven Denken. Menschen, welche positiv denken, werden Persönlichkeiten, die ihr eigenes Ich in den Hintergrund stellen und mehr an andere denken. Nicht umsonst kommt in Briefen, die ich ständig erhalte, der Ausdruck ›Ich liebe jedermann‹ so oft vor. Wer einmal damit angefangen hat, jedermann gern zu haben, wird selber dafür Sympathie empfangen.

Zweitens: Versuchen wir immer, in anderen Menschen das Beste zu wecken, und wir werden ihre Sympathie gewinnen. Hören wir nicht bloß auf die Worte, die jemand spricht, sondern beachten wir auch sein Verhalten und die Gründe dafür. Wer lernt, zuzuhören und für die Probleme anderer Interesse zu zeigen, hilft mit, daß sie sich selber finden und den besten Weg beschreiten, aus ihren Schwierigkeiten herauszukommen.

Drittens: Helfen Sie Ihren Freunden, sich selber zu finden und sich selber zu akzeptieren. Vielen Menschen fällt es schwer, sich so zu nehmen, wie sie sind. Helfen Sie ihnen dabei, und Sie werden dafür geschätzt werden.

Viertens: Seien Sie ruhig, gelassen und fröhlich. Lernen Sie, über den Dingen und Schwierigkeiten des Lebens zu stehen, so daß Kritik und Kleinlichkeiten Sie nicht länger beeindrucken können. Nehmen Sie die Worte der Bibel in ihrer vollen Bedeutung, und lieben Sie Ihre

Feinde, segnen Sie diejenigen, die Ihnen Böses tun, tun Sie Gutes denen, die Sie hassen, und beten Sie für alle, die gegen Sie eingestellt sind.

Fünftens: Werden Sie eine starke, ausgeglichene Persönlichkeit, damit andere Menschen von Ihnen Kraft und Unterstützung erhalten können. Auf diese Weise werden Sie in ihrem Leben einen wichtigen Platz einnehmen.

Wenn Sie diese Grundsätze täglich in Ihrem Leben anwenden, werden Sie automatisch ein Mensch, der überall geschätzt und geliebt wird.

Brunhild Börner-Kray

Das Hohelied der Freundschaft

Eine echte und wahre Freundschaft zu entwickeln, gehört zu den Aufgaben des Schülers auf dem geistigen Weg. Sie durchlichtet die Seele und unterstützt die Verwirklichung anderer Tugenden. Diese echte und wahrhafte Freundschaft, wie sie in den geistigen Ebenen gepflegt wird, wäre sie den Menschen zu eigen, könnte die Erde in ein Paradies verwandeln.

Es ist notwendig, den Bezug zur Freundschaft, wie sie im allgemeinen gepflegt und gelebt wird, objektiver und genauer zu betrachten.

Um keine Mißverständnisse aufkommen zu lassen, sei gesagt, daß hier unter »Freundschaft« keinerlei körperliche Beziehung gemeint ist, sondern das Bruder- und Schwester-sein.

Wieviel Eifersucht verbirgt sich manchmal noch unter dem Mantel der Freundschaft. Wieviel Besitzanspruch erfährt eine Tarnung darunter. Und wieviel selbstsüchtige Forderungen und Erwartungen werden unter dem Deckmantel einer Freundschaft stillschweigend und selbstverständlich gestellt. So viele Gefühle des Verletztseins, die keine Rechtfertigung in einer freundschaftlichen Beziehung finden, werden mitgeschleppt, deshalb wird dies nicht selten ein Anlaß dafür, eine Freundschaft zu lösen. Was gelöst werden kann, steht unter dem Aspekt einer Bindung.

Wahre und echte Freundschaft ist kein Zustand, der gebunden oder gelöst werden kann. Sie ist ein Bestandteil unseres Höheren Selbst, das hervortreten möchte, sie ist ein Erkennen auf höherer Ebene, ins physische Dasein projiziert und daher auch frei von Eigensucht, Besitzanspruch, Forderung, verletzen und verletzt werden können. Sie gedeiht in völliger Freiheit. Sie hält die Hände offen und nimmt einen großen Raum im Leben eines jeden ein. Sie bleibt auch dann bestehen, wenn unsere Hand losgelassen wird – denn sie sollte nicht festhalten, sondern alle Zeit geöffnet bleiben. Sie hält nur Gedanken und Gefühle des Friedens und der unpersönlichen Liebe aufrecht.

Echte und wahre Freundschaft lehrt uns, mit allem und allen in Frieden zu leben. Sie löst jegliche Mißstände auf, die das Leben verdunkeln. Ein wesentlicher Aspekt der Freundschaft ist absolute Offenheit. Sie ist die Basis für ein allumfassendes Verstehen.

Wenn ein Schüler fähig ist, eine wahre Freundschaft in dieser Art zu üben, bedeutet das für seine Entwicklung einen gewaltigen Schritt ins *Licht*. Mit jeder weiteren Stufe wird sein Weg leichter und lichter, weil das Höhere oder Göttliche Selbst immer mehr hervortreten kann.

Eine ehrliche Überprüfung der Form der von uns gepflegten Freundschaften wird uns zeigen, wo es noch mangelt. Wo stehen wir noch in der Forderung und Verletzbarkeit? Wo mangelt es noch an Offenheit?

Das Hohelied der Freundschaft kennt nur einen Klang: Freiheit, Harmonie und Frieden. Es fördert den Reifeprozeß der Seele in einem hohen Maße. Es findet dort ein Echo, wo gleichschwingende und gleichklingende Saiten die Seelen berühren, die keinen Mißklang kennen. Es nimmt in der Entwicklung der Seele einen weiten Raum ein, läßt nichts Profanes zu, und in seiner Ausweitung kennt es nichts anderes als das Gefühl des Bruder- und Schwester-seins.

Freundschaft beinhaltet auch das Gefühl, das sich über die Begrenzungen von Rassen, Weltanschauungen usw. hinwegsetzt und nur den verbindenden Ursprung in jedem Wesen erspürt, der aus Gott stammt.

Safi Nidiaye

Der Mensch des neuen Zeitalters und das Wir-Bewußtsein

SAFI: Der Mensch des neuen Zeitalters ist zunächst einmal ein Mensch wie jeder andere, ein Mensch wie die Menschen aller Zeitalter. Er hat zwei Beine, zwei Arme und einen Kopf. Die Beine werden nicht etwa verkümmern, weil sie nicht mehr gebraucht werden, wie einige befürchten; es werden euch auch keine Räder anwachsen. Ein ganz normaler Mensch. Mit dem einen kleinen Unterschied: daß er sich eine neue Dimension erschließt, die sein Leben bereichert und erweitert, die es ihm ermöglicht, die Probleme seines und des Lebens insgesamt in Herausforderungen zu verwandeln. Diese neue Dimension gewährt eine neue Perspektive, aus der heraus alle Probleme und Ereignisse deshalb anders aussehen, weil sie in einem neuen, vorher nicht wahrgenommenen Zusammenhang gesehen werden.

Das bewirkt die zusätzliche Dimension.

Nun, der Mensch des neuen Zeitalters läuft bereits in einigen Exemplaren auf eurem Planeten herum, verbindet sich bisweilen auch mit seinesgleichen zu Gruppen, die sich entweder meditativen oder gemeinnützigen Aufgaben zuwenden oder beidem. Er lebt aber auch unter einer ganz normalen, alltäglichen, scheinbar unspirituellen Maske, möglicherweise sogar in grauem Anzug mit Krawatte, arbeitet vielleicht im Büro am Computer oder in der Fabrik. Viele Exemplare dieser neuen Gattung werden derzeit geboren, in das Leben auf eurem Planeten entlassen. Viele Menschen sind dabei, sich die neue Dimension zu erschließen. Wir wollen zu beschreiben versuchen, worin sie besteht. Es ist nicht einfach, weil diese Dimension in eurem Sprachgebrauch und Sprachdenken noch nicht enthalten ist.

Mit Schlagworten wie beispielsweise »spirituelle Dimension« könnt ihr wenig anfangen. Viele Menschen arbeiten mit Schlagworten, ohne selber recht zu verstehen, worum es sich handelt. Wir haben im letzten Kapitel von den beiden Entwicklungsbögen gesprochen, die sich überschneiden: der eine, der seinem Ende entgegengeht, und der andere, der bereits begonnen hat. Wir haben erklärt, daß der Unterschied darin besteht, daß die Menschheit auf dem älteren Entwicklungsbogen stärker ich-konzentriert ist, auf dem neuen stärker wir-konzentriert. Die neue Dimension im Bewußtsein der Menschen ist etwas, das wir die »Wir-Dimension« nennen können. Diese Wir-Dimension kann sich nur ein Mensch erschließen, der die Ich-Dimension vollkommen erforscht und erfüllt hat. Wenn ein Mensch, dem das noch nicht zur Gänze gelungen ist, versucht, in die Wir-Dimension einzudringen, führt das zu Verwirrung. Erst muß das Ich – das abgegrenzte Ich-Bewußtsein – völlig erfüllt, belebt und ausgefüllt sein, bevor ein Mensch in das Wir-Bewußtsein hineinreichen kann. Das ist organisches und natürliches Wachstum. Dieser Prozeß geschieht von selbst. Ihr könnt ihn nicht wesentlich beschleunigen, und ihr könnt ihn nicht herbeizwingen. Was im übrigen auch unsinnig wäre. Wenn ihr es euch genau überlegt, kommt ihr selbst dahinter. Denn alles geschieht nach Wunsch. Nach euren wirklichen tiefen Wünschen.

Ein Mensch, der sich oder dem sich die Wir-Dimension zu erschließen beginnt, mag sich fühlen wie am Beginn eines neuen Morgens, wie im Angesicht einer überwältigenden Morgenröte, die einen klaren, weiten Tag voller Freude und Licht verheißt. Keineswegs fühlt er sich, wie viele Menschen befürchten, wie jemand, der etwas opfern muß und deswegen voller Bitterkeit ist. Das Ich wird keineswegs gekreuzigt, geopfert, getötet oder ausgelöscht oder dergleichen Schreknisse mehr. Sondern ihr wachst über die Begrenzung des Ich hinaus in größere Freiheit und größere Weite, wenn ihr das Wir-Bewußtsein erreicht.

Wir, die wir hier sprechen, sind Wir-Bewußtsein. Deshalb sprechen wir nicht als »Ich«, sondern als »Wir«. Jeder von euch hat teil an diesem »Wir«, an der Sphäre des Wir. Normalerweise jedoch bleibt sie eurem alltäglichen Wachbewußtsein mehr oder weniger verschlossen, schimmert nur manchmal durch in spontanen Erlebnissen, in der Meditation, in Träumen und Visionen. Oder auch in Erlebnissen, die durch schwere Schocks hervorgerufen werden.

Wir-Bewußtsein bedeutet Erweiterung der Bewußtheit. Wir-Bewußtsein bedeutet, sich ständig dessen bewußt zu sein, daß ein und dasselbe Ich allgegenwärtig ist, in allen Menschen und allen Wesen, in allem, was lebt. Dieses Wir-Bewußtsein wird im Normalfall nicht plötzlich von einem Tag auf den anderen erreicht, sondern dämmert langsam in eurem Bewußtsein herauf. Im allgemeinen. Es gibt auch Ausnahmen, Fälle plötzlicher Erleuchtung.

Wenn das Wir-Bewußtsein bei einer genügend großen Anzahl von Erdenbewohnern erwacht ist, dann lösen sich viele Kollektivprobleme der Menschheit sehr viel leichter, fast von selbst. Die üblichen Probleme, unter denen die Menschheit leidet, entstehen durch oder in Verbindung mit der allgemeinen Konzentration auf das Ich-Bewußtsein. Da steht Ich gegen Ich.

Wenn aus vielen Ichs ein Wir wird, entsteht eine Art gemeinsames Denken, gemeinsames Fühlen, gemeinsames Sehnen und Hoffen, das ganz von selbst Probleme entweder hinfällig werden oder Lösungen allgemeiner Probleme aufscheinen läßt. Ihr könnt euch vorstellen: Wenn ihr in dieser Gruppe beispielsweise vor oder nach einer Sitzung zu dritt zusammensitzt und euch unterhaltet und, was oft geschieht, in eine Diskussion geratet, in der jeder einzelne aus seinem Ich-Bewußtsein heraus argumentiert, entstehen möglicherweise Reibungen, Konflikte, Mißverständnisse und so weiter. Wenn ihr drei euch nun miteinander in einer bindenden Lebenssituation befindet, beispielsweise der Zusammenarbeit, einer Familienbindung oder ähnlichem, können sich leicht Situationen ergeben, die als Problem empfunden werden. Nun stellt euch vor, ihr drei seid, während ihr miteinander sprecht, im Wir-Bewußtsein. Dann seid ihr in der Lage, gewissermaßen gemeinsam zu denken. Zwar besitzt immer noch jeder seine Einzelperspektive; jeder weiß, wer er als Individuum ist, aber ihr seid euch dessen bewußt, daß diese drei Perspektiven einander ergänzen, und könnt, während ihr sprecht, auch die beiden anderen Perspektiven mit erfassen. Klingt kompliziert, ist aber in der Praxis viel einfacher als eure übliche Art, aus dem Ich-Bewußtsein heraus zu sprechen und zu handeln.

Wie gesagt: Das Wir-Bewußtsein kann nicht, jedenfalls nicht auf gesunde und organische Weise, herbeigezwungen werden. Ihr könnt versuchen, es herbeizuzwingen, aber ihr erkauft das mit sehr viel Verwirrung und viel Leid. Wie es all denen zuteil wird, die auf sehr strengen und radikalen geistigen Wegen mit strengen und radikalen Methoden versuchen, das Wir-Bewußtsein herbeizuzwingen. Es entwickelt sich von selbst. Aber, wie im vorigen Kapitel in anderem Zusammenhang geschildert und am Beispiel der Verdauung erläutert: Ihr könnt euren Teil dazu beitragen, daß es sich reibungslos, gesund und gerade entwickelt. Dazu müssen verschiedene Bedingungen erfüllt sein.

Die erste und wichtigste ist, daß das Ich in all seinen grundlegenden und berechtigten Ansprüchen und Wünschen zufriedengestellt ist. Das ist nicht oberflächlich zu betrachten – wie alle unsere Ratschläge. Es bedeutet nicht, daß ihr euch jeden Pelzmantel und jedes Auto kaufen könnt, die euch durch den Kopf gehen. Es handelt sich um eure tiefen und existentiellen Wünsche – in bezug auf Selbstverwirklichung, in bezug auf Schöpfungen und Tätigkeiten, auf eure Art zu leben und auf Beziehungen mit Menschen.

A.: Kann ein ausgesprochener Einzelgänger trotzdem das Wir-Bewußtsein haben oder erlangen?

Das hängt nicht zusammen.

Wenn derartig tiefe Wünsche in eurem Inneren existieren, dann trachtet danach, sie euch zu erfüllen, oder bittet darum, daß sie euch erfüllt werden, und tut alles Notwendige dafür. Andernfalls entsteht etwas wie eine Lücke in eurer Persönlichkeits- und Lebensstruktur, und diese Lücke *muß* gefüllt werden. Das ist so etwas wie ein Naturgesetz.

Wir haben in unserem ersten Buch erläutert, wie das im einzelnen aussehen kann. Wir haben gesagt: Seid gut zu euch selbst; und wir haben gesagt, was das bedeutet. Es ist die erste Voraussetzung dafür, daß der Weg geebnet wird für das Wir-Bewußtsein. Allerdings hat das »Gut-zu-sich-selbst-Sein« keine allgemein verbindliche Bedeutung, die wir präzisieren könnten. Es bedeutet für jeden etwas anderes. Gut zu sich selbst zu sein kann auch bedeuten, daß ihr euch den Wunsch nach einem selbstlosen Leben erfüllt, im Dienst am Mitmenschen. Gut zu sich selbst zu sein kann alles mögliche bedeuten. Ihr müßt es selbst herausfinden. Das ist die erste Voraussetzung. Die zweite nennen wir: Heilung.

Heilung bedeutet in diesem und in jedem anderen Zusammenhang, daß in eurem Leben, in eurem Bewußtsein, in eurem Körper und im Zusammenwirken dieser drei Faktoren alle Dinge am rechten Platz sind. Wir wollen versuchen, das anhand von Beispielen zu erläutern.

Nehmen wir den Fall eines Menschen, der krank ist, der beispielsweise unter Depressionen leidet und unter verschiedenen körperlichen Wehwehchen leichterer oder schlimmerer Art. In der Psychotherapie oder auch ohne Hilfe findet er heraus, daß die Krankheit etwas mit dem gestörten Verhältnis zu seinem Vater zu tun hat. Nehmen wir an, dies sei tatsächlich der Ursprung und Anfang gewesen. Psychologisch betrachtet kann man es durchaus so sehen. Wenn wir uns auf eine sehr tiefe Ebene der Psyche begeben, die Ebene, auf der die Archetypen zu Hause sind, dann können wir sagen, daß etwas in der Psyche dieses Menschen nicht am rechten Platz ist. Der Archetyp »Vater« hat in seinem Leben nicht den Platz eingenommen, den er hätte einnehmen sollen. Tief in der Psyche schlummert ein archetypisches kollektives Urbild namens »Vater«. Der konkrete Vater im konkreten Leben entspricht nicht diesem Bild, er sitzt sozusagen nicht an der richtigen Stelle im psychischen Gefüge der Person. Er nimmt einen Platz ein, der nicht der seine ist, oder er füllt seinen Platz nicht aus. Dann ergeben sich Verschiebungen in vielen oder in allen Beziehungen, die der Mensch – der Sohn oder die Tochter – zu anderen Menschen unterhält. Auch hier sind die Dinge dann nicht am richtigen Platz; der Zustand spiegelt die verzerrte Beziehung zum Vater. Im physischen Organismus der Person sind die Dinge ebenfalls nicht am richtigen Platz; all das ist Teil eines einzigen Geschehens. Es ist eine Verschiebung innerhalb der Psyche dieser Person. Die Verschiebung existiert *nur* innerhalb der Psyche, und nur dort kann sie korrigiert werden, und zwar völlig unabhängig davon, wie der reale Vater sich weiterhin verhält. Jeder kann innerhalb der eigenen Psyche die Dinge an den rechten Platz rücken. Das bedeutet in unserem Fall: Es gibt die Möglichkeit, in der Vorstellung und im Gefühl das archetypische Urbild des Vaters durch die Persönlichkeit des konkreten Vaters hindurchschimmern zu sehen und auf diese Weise die beiden Bilder in Deckung zu bringen – zu erkennen, daß der Vater als Urbild, der Vater auch als ein Aspekt der aller Wirklichkeit zugrundeliegenden Realität und der göttliche Vater in diesem konkreten Vater leben und wirken, jeder auf seine spezifische Weise. Es ist möglich, das Urbild und die reale Person in der eigenen Psyche in Liebe in Übereinstimmung zu bringen. Das ist der erste Schritt, um die Dinge an den rechten Platz zu rücken. Mit diesem Schritt, wenn er wirklich getan wird (dazu mag auch gehören, zu verzeihen oder um Verzeihung zu bitten oder, was zu bereinigen ist, zu bereinigen) – mit diesem Schritt werden tiefe oder auch heftige Emotionen einhergehen, werden Erkenntnisse kommen, werden Dinge sich neu ordnen. In der Psyche, im Körper, im Leben. Das ist nur ein Beispiel. Es gäbe viele andere, aber wir sind der Ansicht, daß jeder selbst herausfinden kann, was in seinem Leben, in seinem Körper, in seinem Denken, in seiner Psyche nicht am richtigen Platz ist. Wenn die Dinge im Denken und Fühlen wieder ihren richtigen Platz einnehmen, dann ordnet sich alles andere – im Körper, im Leben, im gesamten Umfeld. Wenn eines verrutscht ist, verrutscht alles. Denn alles ist verknüpft.

Wenn ihr nicht herausfindet, was verrutscht ist, könnt ihr (aber nur dann, nicht aus Bequemlichkeit) euch auch einfach darauf einstimmen und euch vorstellen, daß ihr euch ordnet. Daß alles an seinen rechten Platz rückt. Das muß verbunden sein mit einer wirklichen Sammlung und mit einer sehr geordneten Körperhaltung. Und es muß wiederholt werden. Wieder und wieder, so lange, bis Heilung erfolgt ist. Ein Schlüssel dazu: Alle Dinge sind in Wahrheit am rechten Platz. Verschoben sind sie nur in eurer Betrachtung. Und dort müssen sie zurechtgerückt werden. Zum Beispiel der ungerechte, strenge Vater in dem eben zitierten Beispiel. Er spielt seine Rolle, wie es ihm und dem Kind gemäß ist. Er steht am richtigen Platz. Das Kind ist nicht in der Lage, das zu sehen. Der Erwachsene aber, der diesen Schlüssel begreift, kann es verstehen. In dem Augenblick, in dem er es versteht (und dieses Verstehen bedeutet auch Verzeihen), ändern sich die Dinge; ändert sich auch die Beziehung, ändert sich auch der Vater. Begreifen, daß die Dinge am richtigen Platz sind – aber das nicht nur oberflächlich, das nützt nichts, sondern es muß wirklich erkannt werden: Das ist der Schlüssel zur Heilung. Zu jeder Heilung. Zur eigenen Heilung, der Heilung anderer, Heilung der Gesellschaft. Es ist ähnlich wie mit dem Atem, und ähnlich paradox. Einige von euch kennen das aus Meditationsübungen: Wenn ihr euch hinsetzt und den Atem beobachtet, wenn ihr euch nicht einmischt, davon ausgehend, daß der Atem so, wie er ist, richtig ist; auch wenn er euch unausgewogen erscheint oder zu flach oder was auch immer; wenn ihr euch nicht einmischt, nur beobachtet – dann wird der Atem ganz von selbst tiefer und voller. Wenn ihr aber versucht, ihn tiefer und voller zu machen, erreicht ihr längst nicht diesen zufriedenstellenden Effekt, als wenn es von selbst geschieht.

Ein weiteres Beispiel: Dein Kind spielt. Ein kleines Kind. In diesem gefährlichen Alter, in dem soviel passieren kann. Sitze dabei entspannt und voller Vertrauen und beobachte das Kind vertrauensvoll, und es spielt, fühlt sich wohl und läuft keinerlei Gefahr. Sitzt du dabei aber in dem Bewußtsein, daß das Kind alles mögliche falsch machen könnte, sich verbrennen oder irgendwo herunterfallen könnte, dann gerät das Kind in Verwirrung, macht Fehler und verbrennt sich. Und du sagst: »Siehst du, man muß aufpassen!« So ist es mit allem. Vertrauensvoll beobachten. Wissend, daß die Dinge am rechten Platz sind. Wissend vielleicht auch, daß ihr im Augenblick nicht in der Lage seid, es zu begreifen, und doch vertrauend. Das ist Heilung.

Das Vertrauen ist dabei wichtig. Es geht nicht um Gleichgültigkeit. Vertrauen ist etwas anderes als Gleichgültigkeit. Vertrauen ist eine aktive Kraft, harmonisierend, ordnend, liebend. Und wissend.

Das war die zweite Voraussetzung: Heilung.

Du hast dir selbst alles gegeben, was du brauchst, einschließlich und vor allem Liebe. Du hast Harmonie und Heilung gefunden. Du bist fast schon bereit für das Heraufdämmern des Wir-Bewußtseins. Nun kreuzt irgendein Mensch oder irgendeine Angelegenheit deinen Weg, die dich völlig aus dem Gleichgewicht bringt, die dich dazu bringt, unmögliche Dinge zu tun, dich in verwickelte Situationen zu begeben, dein Geld oder den Job zu verlieren oder deine Ehe zu zerstören. Nun mußt du wieder von vorn anfangen. Nun wirst du eines Tages wieder feststellen, daß du schlecht für dich gesorgt hast, daß du lieblos warst zu dir, daß dir etwas fehlt, daß du krank bist, daß du Heilung brauchst. Wenn du dir das alles wieder erarbeitet hast und wieder bereit wärst für das Wir-Bewußtsein – dann passiert wieder etwas und wirft dich von neuem zurück. Und so geht es weiter und weiter und weiter. Und du verzweifelst. Wieder und wieder beginnst du von neuem. Immer wieder und immer wieder. Dabei könntest du doch schon längst erleuchtet sein! Du könntest schon längst große Werke vollbringen! Du könntest schon längst der Menschheit dienen! Aber immer wieder entstehen neue Verwicklungen, und so kommst du nicht dazu.

Nicht wahr, so ergeht es vielen Menschen? Kein Grund zur Verzweiflung. Das Wir-Bewußtsein entsteht nicht eines Tages ganz plötzlich als Ablösung des Ich-Bewußtseins, sondern es schleicht sich ein. Das Ich-Bewußtsein ist eine ungeheuer hungrige Angelegenheit. Es gibt sehr, sehr viel zu erforschen, zu erleben, zu erkunden innerhalb des Ich-Bewußtseins. Viele unterschätzen das. Aber das Wir-Bewußtsein schleicht sich inzwischen ein. Es wächst unscheinbar in den Lücken heran. Es ist nicht so, daß ihr euch eines Tages ganz plötzlich dort befindet und nicht mehr hier seid. Ihr seid immer hier. Es gibt nur das Hier. Aber in dieses Hier hinein wächst unauffällig, unsichtbar das Wir-Bewußtsein. Ihr erkennt oft nur im Rückblick, daß sich etwas geändert hat. Trotz aller scheinbaren Rückfälle und Niederlagen. Es gibt in Wahrheit keine Rückfälle. Niemals. Technisch unmöglich. Ihr könnt nicht zurückfallen. Ihr könnt niemals zurückgehen, selbst wenn ihr das wolltet. Es ist nicht möglich. Ihr werdet immer an einem anderen Punkt ankommen. Jeder Moment ist neu. Es ist vollkommen gleichgültig, ob ihr sagt: »Hier geht es zurück, hier nach vorn und dort seitwärts« – das gibt es alles nicht. Jeder Moment ist neu. Aber: In euer Denken können sich Automatismen eingeschlichen haben, die euch glauben machen, daß ihr im Kreis geht oder Mustern unterliegt, in Mustern gefangen seid. Es ist eine Art der Betrachtung. Es ist Denken. Es ist nicht Wirklichkeit. Ihr geht niemals im Kreis, allenfalls in Spiralen. Aber Spiralen sind nur ein etwas besseres Bild. In Wirklichkeit geht ihr nirgendwohin. Jeder Augenblick ist Null, und jeder Augenblick ist neu. Weil ihr das nicht wißt, denkt ihr, ihr geht vorwärts oder rückwärts oder im Kreis. Ihr geht nirgendwohin. Ihr seid immer da!

Das Wir-Bewußtsein wächst durch die Lücken des Ich-Bewußtseins wie Gras durch eine Betondecke. Irgendwann einmal ist mehr Gras da als Beton, und eines Tages ist nur noch Gras zu sehen. Das Gras ist zarter, aber stärker. Das Ich-Bewußtsein ist härter als das Wir-Bewußtsein. Das Wir-Bewußtsein ist weich, durchlässig, flexibel. Es wächst unverdrossen durch alle Ereignisse hindurch.

Das ist es, was einige Menschen das Christus-Bewußtsein nennen. Es ist ein erlösendes Bewußtsein. *Die Erlösung besteht nicht darin* (bitte unterstreichen), *daß euch irgendwelche Sünden vergeben werden oder gar eine Erbsünde.*

Die Erlösung besteht darin, daß ihr begreift, daß ihr nicht schuldig seid, daß ihr frei seid. Und vor allem: Die Erlösung besteht darin, daß ihr begreift, daß ihr nicht gefangen seid in den Grenzen eurer Persönlichkeit. Und der Erlöser ist derjenige, der das lebt – nicht nur vorlebt, damit andere es ihm nachmachen, sondern: Indem er es lebt, lebt ihr alle es in gewisser Weise auch. Denn ihr seid alle miteinander verbunden. Wir sind alle miteinander verbunden. Was einer lebt, lebt er in gewisser Weise für alle mit. Und: Der Erlöser gibt Schlüssel. Schlüssel, die in die Schlösser eurer Gefängnistüren passen. So sind alle Kernsätze von JESUS, dem Christus, solche Schlüssel. Nehmt sie ganz wörtlich und bezieht sie auf euch selbst. Nicht auf die Person Jesus, auf euch selbst. Und ihr habt Schlüssel in der Hand!

Es gibt andere Schlüssel. Es gibt viele Schlüssel. Auch wir haben viele Schlüssel gegeben. Jeder von euch bekommt eigene Schlüssel in Träumen oder Visionen. Oder in plötzlich hereinbrechender Erkenntnis, in Momenten der Erleuchtung. Benutzt sie.

Dann ist es euch möglicherweise gegeben, das Wir-Bewußtsein mit einem Mal sehr hell in euch aufleuchten zu lassen, ihm zu erlauben, in euch aufzuleuchten und darin zu verharren. Und, wie bereits gesagt: Niemand braucht zu befürchten, daß er irgend etwas verliert, wenn er in das Wir-Bewußtsein eintritt. Er kann nur gewinnen.

Leseempfehlungen

Folgende Werke seien für Leser angeführt, die sich mit dem Thema eingehender beschäftigen möchten. Es handelt sich um lieferbare Bücher (Stand: Frühjahr 1995).

Dale Carnegie, Wie man Freunde gewinnt, München 1992.
Siegfried Kracauer, Über die Freundschaft, Frankfurt/M. 1990.
Wolfgang Krüger, Das schwierige Glück der Freundschaft,
    München 1992.
Wolfgang Müller-Welser, Über die Freundschaft, Freiburg o.J.
Peter Schellenbaum, Tanz der Freundschaft, München 1993.

Mit Sicherheit lassen sich noch viele weitere Titel aufzählen, doch diese kleine Auswahl soll genügen, den Aspekt, unter dem das vorliegende Werk zusammengetragen wurde, zu vertiefen (siehe Einführung).

Bio-Bibliographie

Michael Lukas Moeller
geboren 1937 in Hamburg. Studium der Medizin und der Philosophie, Ausbildung zum Psychoanalytiker. Seit 1983 Lehrstuhlinhaber für Medizinische Psychologie an der Universität Frankfurt/M. Verschiedene Publikationen, darunter: Die Wahrheit beginnt zu zweit (1988).
Zwiegespräch über Freundschaften
© Michael Lukas Moeller und Célia Maria Fatia

Martin Buber
(1878 Wien – 1965 Jerusalem). Religionsphilosoph.
Hauptwerke: Ich und Du (1923), Urdistanz und Beziehung (1951), Zwischen Gesellschaft und Staat (1952), Schriften über das dialogische Prinzip (1954).
Ich und Du
aus: Ich und Du, in: Martin Buber, Werke I, Schriften zur Philosophie
© Lambert Schneider Verlag, Heidelberg 1962

Platon
(427 v. Chr. Athen – 347 v. Chr. Athen). Bedeutendster Philosoph der Antike. Hauptwerke: Symposion (Das Gastmahl), Politeia (Der Staat), Phaidros, Theaitetos, Timaios.
Gute Freunde
aus: Lysis, in: Sämtliche Werke 2, nach der Übersetzung von Friedrich Schleiermacher und Hieronymus Müller
© Rowohlt Taschenbuch Verlag, Reinbek 1957

Aristoteles
(384/3 Stageira – 322/1 Chalkis, Euböa). Schüler des Platon, Erzieher Alexander des Großen, Begründer der abendländischen, wissenschaftlichen Philosophie. Hauptwerke: Nikomachische Ethik, Metaphysik, Politik.
Absichtslose Freundschaft
aus: Nikomachische Ethik, dt. v. Olof Gigon
© Artemis Verlag, Zürich und München 1951

Epikur
(342/1 Samos – 271/70 Athen). Sein Werk ist nur in Fragmenten überliefert. »Lebe im Verborgenen« – dieser Satz Epikurs wird stets als Hauptbotschaft zitiert.
Freundschaft
aus: Epikur, Philosophie der Freude, dt. v. Johannes Mewaldt
© Alfred Kröner Verlag, Stuttgart 1973

Cicero
(106 v. Chr. Arpinum – 43 v. Chr. Formiae). Römischer Politiker und Philosoph, wurde ermordet. Hauptwerke: Vom pflichtgemäßen Handeln, Tuskulanische Gespräche, Vom höchsten Gut und größten Übel.
Über die Freundschaft
aus: Laelius. Über die Freundschaft, dt. v. Robert Feger
© 1981 Philipp Reclam Verlag, Stuttgart 1981

Seneca
(4 v. Chr. Cordoba – 65 n. Chr. Rom). Erzieher des Nero, Philosoph, Hauptvertreter der Stoa, von Nero zum Selbstmord getrieben. Hauptwerke: Vom glückseligen Leben, Von der Ruhe des Herzens, Von der Kürze des Lebens, Moralische Briefe an Lucilius.
Vertrauen
aus: An Lucilius. Briefe über Ethik, in: Philosophische Schriften 3, hrsg. v. Manfred Rosenbach
© Wissenschaftliche Buchgesellschaft, Darmstadt 1974

Michel de Montaigne
(1533 Schloß Montaigne/Périgord – 1592 ebda.). Französischer Moralphilosoph und Schriftsteller. Hauptwerk: Essais (1580).
Von der Freundschaft
aus: Essais, ausgew. v. Herbert Lüthy
© Manesse Verlag, Zürich 1953

Francis Bacon
(1561 London – 1626 Highgate). Engl. Politiker und Philosoph. Hauptwerke: New Atlantis, Essays.
Über die Freundschaft
aus Essays, dt. v. Elisabeth Schücking
© Schünemann Verlag, Bremen o. J.

Arthur Schopenhauer
(1788 Danzig – 1860 Frankfurt/M.). Philosoph in der Nachfolge des deutschen Idealismus. Hauptwerke: Die Welt als Wille und Vorstellung, Aphorismen zur Lebensweisheit.
Freunde in der Not aus: Paränesen und Maximen

Adolph Freiherr von Knigge
(1752 Hannover – 1796 Bremen). Deutscher Schriftsteller.
Über den Umgang mit Freunden
aus: Über den Umgang mit Menschen

Henry David Thoreau
(1817 Concord/Massachusetts – 1862 ebda). Amerikanischer Essayist. Hauptwerke: Walden (1854), Über die Pflicht zum Ungehorsam gegen den Staat (1848)
Über die Freundschaft
aus: Über die Freundschaft, dt. v. Paul Pattloch
© Pattloch Verlag, Aschaffenburg 1946

Friedrich Nietzsche
(1844 Rökken/Sachsen – 1900 Weimar). Deutscher Philosoph. Hauptwerke: Also sprach Zarathustra, Jenseits von Gut und Böse, Menschliches, Allzumenschliches.

Vom Freunde, Von der Nächstenliebe
aus: Also sprach Zarathustra

Khalil Gibran
(1883 Becharré, Libanon – 1931 New York). Mytho-poetischer Dichter und Schriftsteller. Hauptwerk: Der Prophet. Gilt als einer der meistgelesenen Autoren des 20. Jahrhunderts.
Die Geschichte eines Freundes
aus: Die Söhne der Göttin, dt. v. Hans Christian Meiser

Sam Keen
freier Schriftsteller und Dozent im Staate Washington. Studium der Psychologie, der Theologie und der Philosophie. Sein Buch »Feuer im Bauch« erregte großes Aufsehen.
Freundschaft und Freiheit
aus: Die Lust an der Liebe, dt. v. Hans Günther Holl

Daniel Berrigan
amerikanischer Priester und Jesuit, bekannt geworden durch seine spektakulären Aktionen gegen Krieg und Aufrüstung.
Liebet eure Feinde – liebet einander
aus: Zehn Gebote für den langen Marsch zum Frieden, dt. v. Werner Simpfendörfer

Norman Vincent Peale
(1898 Bowersville/Ohio). Einer der Begründer des Positiven Denkens. Gesamtauflage seiner Werke: Über 20 Millionen.
Menschen, die wir lieben
aus: Trotzdem positiv, dt. v. Ernst Steiger

Hans Christian Meiser (Hg.)

Schön-Sein
Natürliche Harmonie und Ästhetik
Menschen-Kunde
Band 12693

Freundschaft
Freunde schaffen und behalten
Menschen-Kunde
Band 12694

Träume
Deutung und Bedeutung
Menschen-Kunde
Band 12691

Jungbleiben
Das Geheimnis der Jugend im Alter
Menschen-Kunde
Band 12695

Trance
Andere Bewußtseinszustände und die Arbeit mit ihnen
Menschen-Kunde
Band 12696

Fischer Taschenbuch Verlag

fi 818 / 2

Psychologische
Ratgeber für Frauen

Cor Anneese/
Tino Pol
**Wege aus
der Phobie**
Selbsthilfe
bei Ängsten
Band 11883

George R. Bach/
Peter Wyden
Streiten verbindet
Spielregeln für
Liebe und Ehe
Band 3321

Claudia Bepko/
Jo-Ann Krestan
**Das Superfrauen-
Syndrom**
Vom weiblichen
Zwang, es allen
recht zu machen
Band 12268

Harriet Braiker
**Giftige
Beziehungen**
Wenn andere uns
krank machen
band 12947

Katharina Dalton
**Mütter nach
der Geburt**
Wege aus der De-
pression. Bd. 10955

Herbert Freuden-
berger/ Gail North
**Burn-out
bei Frauen**
Über das Gefühl des
Ausgebranntseins
Band 12272

Jürgen Hesse/
Hans Chr. Schrader
**Erfolgreiche Be-
werbungsstrate-
gien für Frauen**
Band 12371

Jürgen Hesse/
Hans Chr. Schrader
Krieg im Büro
Konflikte am
Arbeitsplatz und
wie man sie löst
Band 12372

Louis Janda/
Ellen MacCormack
**Der zweite
Versuch**
Chancen und
Fallen einer
neuen Ehe
Band 12487

Wilhelm Johnen
**Die Angst des
Mannes vor der
starken Frau**
Einsichten
in Männerseelen
Band 12269

Fischer Taschenbuch Verlag

Psychologische Ratgeber für Frauen

Bonnie Kreps
Abschied vom Märchenprinzen
Eine Abrechnung mit der romantischen Liebe
Band 12225

Maja Langsdorff
Die heimliche Sucht, unheimlich zu essen
Band 12792

Stephan Lermer/ Hans Chr. Meiser
Lebensabschnitts- partner
Die neue Form der Zweisamkeit
Band 11931
Der verlassene Mann
Sind Frauen das stärkere Geschlecht?
Band 12756

Nicky Marone
Gute Väter – Selbstbewußte Töchter
Die Bedeutung des Vaters für die Er- ziehung. Band 12224

Ruth Martin
Zeitraffer
Der geplünderte Mensch. Band 12950

Susan Perry/ K. O'Hanlan
Menopause
Der natürliche Weg
Ein Handbuch
Band 12949

Brad E. Sachs
Unser erstes Kind
Band 12555

Regine Schneider
Powerfrauen
Die neuen Vierzig- jährigen. Band 12946

Joan Shapiro
Männer sind wie fremde Länder
Verständigungs- hilfen für Frauen
Band 12273

Barbara Sichtermann
Leben mit einem Neugeborenen
Band 3308

Gregor M. Vogt Stephen T. Sirridge
Söhne ohne Väter
Vom Fehlen des männlichen Vorbilds
Band 12757

Joachim Weyand/ Bettina Behning
Arbeitsrecht für Frauen
Ein juristischer Ratgeber zur Selbst- hilfe. Band 11965

Fischer Taschenbuch Verlag

Lebenshilfe
im Fischer Ratgeber – Programm

George R. Bach/
Herb Goldberg
**Keine Angst
vor Aggression**
Die Kunst der
Selbstbehauptung
Band 3314

George R. Bach/
Peter Wyden
Streiten verbindet
Spielregeln für
Liebe und Ehe
Band 3321

Dietrich Bäuerle
**Im Kampf gegen
die Drogensucht**
Hilfen für Eltern
und ihre Kinder
Band 10378

Günther Gauß
**Heilmeditationen
für Krebskranke**
Band 10746

Alois Hicklin
**Das menschliche
Gesicht der Angst**
Band 11753

Maja Langsdorff
**Die heimliche
Sucht, unheimlich
zu essen**
Band 12792

Else Müller
**Auf der Silberlicht-
straße des Mondes**
Autogenes Training
mit Märchen
zum Entspannen
und Träumen
Band 3363

Jutta Schütz
**Ihr habt mein
Weinen nicht
gehört**
Wie man suizidge-
fährdeten Jugend-
lichen helfen kann
Band 11964

Reinhart Stalmann
Psychosomatik
Ein Therapeut
erklärt Fälle aus
der Praxis
Band 3332

Lars Strömsdörfer
**Wenn die Seele
Ausgang hat**
Rund um den Schlaf
Band 11069

Beate Wiese
**Ärztliche
Kunstfehler**
Band 12395

Fischer Taschenbuch Verlag

Ratgeber
für das Älterwerden

Fischer Taschenbuch Verlag

fi 3 / 2

Ratgeber
für Leib und Seele

Robert C. Atkins
Diät-Revolution
Gut essen –
sich wohl fühlen –
und abnehmen
Band 1720

Thérèse Bertherat/
Carol Bernstein
**Der entspannte
Körper**
Band 11070

Kenneth H. Cooper
Bewegungstraining
Praktische
Anleitung zur
Steigerung der
Leistungsfähigkeit
Band 1104

James F. Fixx
**Das komplette
Buch vom Laufen**
Band 3326

Julie Friedeberger
Yoga im Büro
Band 12270

Scott Gerson
Ayurveda
Eine Einführung
in die indische
Gesundheitslehre
Band 12584

Jiao Guorui
Qigong Yangsheng
Chinesische
Übungen zur
Stärkung der
Lebenskraft
Band 12948

James MacRitchie
Qi Gong
Chinesische Ge-
sundheitsübungen
Eine Einführung
Band 12585

Peter Mole
Akupunktur
Eine Einführung in
die chinesische En-
ergiebalancierung
Band 12586

Tarthang Tulku
Kum Nye
Tibetische Übungen
zur Stärkung
der Gesundheit
Band 12758

Frank Wildman
**Feldenkrais
im Büro**
Übungen für
den Arbeitsplatz
Band 12489

Kareen Zebroff
Yoga
Übungen für
jeden Tag
Band 1640

Fischer Taschenbuch Verlag